Argentarius
Vom Gelde

ARGENTARIUS

VOM GELDE

BRIEFE EINES BANKDIREKTORS
AN SEINEN SOHN

NIKOL
VERLAG

Der vorliegende Text folgt der Ausgabe:
Argentarius, Das Wesen des Geldes, Bank Verlag 1923.
Orthografie und Interpunktion wurden in einigen wenigen Fällen dem heutigen Gebrauch behutsam angeglichen.

MIX
Papier | Fördert gute Waldnutzung
FSC® C083411

3. Auflage 2023

Satz & Layout: Nikol Verlag, Hamburg
Umschlaggestaltung: Nele Schütz Design unter Verwendung von shutterstock/Mangata
Druck: CPI Moravia Books s.r.o.
Printed in the Czech Republic

ISBN: 978-3-86820-561-9

Besuchen Sie uns im Internet:
www.nikol-verlag.de

INHALT

Berlin, Februar 1921

Es wäre manches besser in der Welt, wenn alle gebildeten Menschen wüssten, was »Geld« ist. Denn nicht nur wirtschaftliche Störungen wie Krisen, Kreditnot, Teuerung, sondern auch soziale Übel, wie Klassengegensätze und Massenverelendung, ja sogar politische Katastrophen, wie Kriege und Revolutionen, haben ihre wichtigsten Wurzeln nur allzu oft in der allgemeinen Unkenntnis vom Geld.

Die zünftige Wissenschaft hat manche geistvolle Definition des Geldes und manche konsequent durchgeführte Systematik geliefert. Aber da sie sich stets an die äußere Erscheinungsform, an das Geldzeichen, klammerte und das Wesen des Geldes, seinen Rechtsinhalt, übersah, so redeten die verschiedenen Theorien aneinander vorbei. Das hatte zur Folge, dass es bis zum heutigen Tage noch keine wirklich richtige Lehre vom Kredit, von den Banken und vom Kapitalmarkt gibt. Denn nur wer das »Geld« kennt, kann seine Bewegungen und die Wirkungen dieser Bewegungen erkennen.

In diesen Briefen wird eine neue Lehre vom Gelde in nach Möglichkeit gemeinverständlicher Form aufgestellt. Sie erschöpft den Gegenstand nicht und beschränkt sich auf den Geldbegriff und auf die Wirksamkeit des Geldes im Binnenverkehr. Die Frage des Außenwerts des Geldes, der sogenannten »Valuta«, bleibt künftigen Briefen vorbehalten.

Argentarius

Berlin, Silvesternacht 1920/21

ERSTER BRIEF

Two Nations.
Das Verbrechen der Unkenntnis.

Mitternacht. Draußen, lieber James, läuten die Silvesterglocken wieder einmal ein tolles Jahr zu Grabe. Ein weihevoller Moment für die Menschen, die sich die Stunden ihrer inneren Erhebung vom Kalender vorschreiben lassen. Disraelis »Two Nations«, die beiden großen Völker, in die jeder sogenannte Kulturstaat sich spaltet, leben in diesem Augenblick ihr Dasein doppelt intensiv. Der Reichtum steigert sein Wohlleben in Wein, Tanz und Spiel bis zum Rausch; ich blicke ihm von meinem Arbeitszimmer aus in die festlich blitzenden Fenster. Die Armut, die ich nicht sehe, weil sie sich in weit entfernten Stadtvierteln zwischen ihre kahlen vier Wände verkriecht, bringt dem neuen Jahr das schuldige Opfer, indem sie die Tränen des Alltags doppelt reichlich fließen lässt. Ich selbst habe, wie Du weißt, keinen Sinn für Feierlichkeit. Aber ganz kann ich mich der Magie der Silvesternacht dennoch nicht entziehen. Sie zwingt mich zur inneren Sammlung, zur geistigen Einkehr, und manche unklare Empfindung in mir nimmt feste, scharf umrissene Gestalt an.

Ich sehe mich gleichsam auf dem schmalen Grat stehen, der die beiden großen Völker in unserem Vaterlande trennt, die Tanzenden hier, die Weinenden dort. Und indem ich hinunterblicke in dieses zweigespaltene Leben und Treiben, ist es mir, als könnte ich deutlich alle Hebel und Räder des großen Mechanismus erkennen, der die sozialen Verhältnisse der Länder und Kontinente bestimmt und der dem profanen Auge meist verborgen bleibt. Mein geschärfter Blick übersieht die wirtschaftlichen Gesetze, die Reichtum und Armut entstehen, anwachsen, stillstehen oder abnehmen lassen. Ich sehe, wie unter bestimmten Voraussetzungen die Scheidewand zwischen dem Volk der Besitzenden und dem der Besitzlosen sich hebt oder senkt. Und mit erschreckender Klarheit drängt es sich mir auf, wie verhängnisvoll jene ewigen Wirtschaftsgesetze gerade in dem eben abgelaufenen Jahre wirksam gewesen sind: Um ein ungeheures Stück hat sich die schroffe Scheidewand zwischen den beiden Völkern eines und desselben Landes erhöht. In verdreifachter Menge fließen diesseits die Tränen, jenseits der Wein. Und zugleich mit der Scheidewand wächst aus dem uralten Groll der beiden Völker, die einander niemals verstehen werden, ein ungeheurer Hass empor, der eines Tages die Kulturwelt in Trümmer legen wird, wenn man seine Ursachen nicht noch rechtzeitig beseitigt.

In dieser klaren Erkenntnis, die ich aus dem Klang der Silvesterglocken schöpfe, setze ich mich an meinen Schreibtisch, um mich mit Dir, mein lieber James, wieder einmal auszusprechen. Docendo discimus: Wer andere belehrt, lernt selbst. Ich will mir über manche Dinge klar werden, indem ich mich zwinge, sie Dir klarzumachen. Und umgekehrt ist es meine väterliche Pflicht, das Wissen, das ich in jahrzehntelanger Berufstätigkeit gesammelt habe, so vollständig wie möglich auf Dich, den Sohn, zu übertragen. Es stände manches besser in der Welt, wenn jede Generation es mit dieser Pflicht ernst nehmen würde und wenn es selbstverständlich wäre, dass die Summe der väterlichen Kenntnisse regelmäßig das Wissensfundament des Sohnes bildete, dem dieser dann ein neues Stockwerk für seine eigenen Nachkommen hinzuzufügen hätte. Auf diese Weise entsteht ein Erbbesitz von Kenntnissen, der gleich wertvoll für den Einzelnen wie für die Gesamtheit ist. Wohl dem Staat, der die Gewissheit hat, dass in jedem Angehörigen eines bestimmten Berufs sich die Summe der Erfahrungen seiner Vorfahren verkörpert! Er findet überall gefestigte Traditionen vor und weiß ohne Weiteres, wo er seine Regenten, seine Diplomaten, seine Offiziere, seine Richter und seine Beamten zu suchen hat. Er braucht nicht zu experimentieren und die Klassen durcheinanderzuschütteln. Ich weiß sehr wohl, mein Sohn, dass dies Deinen freiheitlichen Anschauungen nicht entspricht, und ich mache keinen Versuch, Dich zu bekehren. Die Bekehrung kommt von selbst, wenn Du erst in meinen Jahren bist. Dann wirst Du die tiefe Weisheit des altägyptischen und indischen Kastenprinzips ahnen, das jeden Menschen da belässt, wo er wurzelt und dem Ganzen mit seiner ausgeglichenen Person am besten nutzt.

Du bist der Sohn eines Bankdirektors und selbst künftiger Bankenleiter. Es würde auf mich zurückfallen, wenn Du das Instrument, das ich Dir eines Tages anvertrauen werde, dieses volkswirtschaftlich so hochwichtige Instrument, stümperhaft handhaben solltest. Wer eine Bank leiten will, muss vor allen Dingen wissen, was eine Bank ist; muss wissen, welche Rolle das Bankwesen eines Landes innerhalb der nationalen Gesamtwirtschaft spielt; muss sich bewusst sein, dass bestimmte Funktionen der Banken nicht nur ganz bestimmte ökonomische Wirkungen, sondern auch einschneidende soziale und politische Folgen haben. Das alles erkennt aber nur derjenige, dem die Gesetze des Kapitalmarkts vertraut sind, der genau weiß, unter welchen Bedingungen die Produktivität eines Landes sich zu Kapital verdichtet und wie die einzelnen Verwendungsarten des Kapitals auf die Produktivität des Landes zurückwirken. Hier hat der Mechanismus des arbeitenden Volksganzen seine eigentliche Triebfeder, hier entscheidet sich das wirtschaftliche Geschick des Staates, hier liegt der soziale Keim, der eine und dieselbe Nation in zwei feindliche Völker auseinandersprengt.

Es gibt nur einen Weg, mein Sohn, der zur vollen Klarheit hierüber führt, und am Ausgangspunkt dieses Weges steht das *Geld*. Wenn es heute so wenig Leute, auch unter meinen eigenen Kollegen, gibt, die das tiefinnerste Wesen und Wirken des Kapitalmarkts und der ihn dirigierenden Banken erfassen, so liegt das einzig und allein daran, dass es um die Kenntnis vom Geld heute so bitterböse bestellt ist.

Bis vor ein paar Jahren hat sich außer den wenigen Fachgelehrten niemand mit dem Geldwesen beschäftigt, und diejenigen, die es getan haben, sind im rein Theoretischen und Abstrakten stecken geblieben. Leicht erklärbar: Es hat ja seit

Jahrzehnten an einer zwingenden Veranlassung gefehlt, sich mit dem Geld, das lebendig durch alle Märkte pulsiert, eingehender zu beschäftigen. Wie die beste Frau diejenige ist, von der man am wenigsten spricht, so ist vor dem Kriege auch vom Geld deshalb so selten gesprochen worden, weil es in allen Kulturländern brav und bieder seine Schuldigkeit tat. Das Geld war eine Selbstverständlichkeit, von der man nicht viel Worte zu machen brauchte. Sogar die Nationalökonomen, für die es eigentlich nichts Selbstverständliches gibt, ließen sich von der Hausfrauentugend des Geldes täuschen. Ihre neueren Schulen stellten Theorien auf, die man nur mit Kopfschütteln lesen konnte, wenn man sich der berühmten Assignaten aus der französischen Revolution und der sonstigen Jugendsünden erinnerte, die das brave Geld auf dem Gewissen hatte.

Die maßgebende Ansicht vor dem Kriege war, dass das Geld eine reine Zweckmäßigkeitseinrichtung des Staates sei, etwa wie die Polizei und das Passwesen, nützlich, aber nicht unentbehrlich. Man könne *mit* Geld wirtschaften, aber auch *ohne* Geld. Auf seine äußere Gestalt und seinen inneren Wert komme es absolut nicht an. Der Staat sei souveräner Herr über das Geld, das er aus jedem Stoff, den er für geeignet halte, und in jeder Menge, die er als erforderlich erachte, herstellen könne. Auch Du, lieber James, hast damals das Geld für nichts anderes als ein Geschöpf der staatlichen Rechtsordnung oder, was in diesem Falle dasselbe ist, der staatlichen Willkür gehalten. Du wolltest genauso wenig wie die anderen einsehen, dass der Staat im Grunde gar nichts mit der Entstehung des Geldes zu schaffen hat und dass er, wenn er sich dennoch schöpferisch betätigt, das Geld fast regelmäßig ruiniert.

Inzwischen hat sich in ganz Europa, und nicht zuletzt in Deutschland, die allgemeine Unkenntnis in Gelddingen furchtbar gerächt. Vom Geld ausgehend, haben soziale Umwälzungen stattgefunden, die sich eines Tages vielleicht noch folgenschwerer erweisen werden als die politischen Veränderungen, die der Weltkrieg hervorgerufen hat. Große Ursachen, kleine Wirkungen: Auch Dein Unglaube ist erschüttert worden. Das Samenkorn meiner Belehrung fällt heute auf empfänglicheren Boden als noch vor zwei Jahren. In einem Deiner letzten Briefe bittest Du mich selbst, ich möchte Dir ein Fensterchen öffnen, durch das Du einen Einblick in den verborgenen Mechanismus des Geldwesens gewinnen könntest. Nun, ich will versuchen, Dir das Fenster so weit aufzutun, dass Du das gewaltige Gebäude des Geldverkehrs vom Fundament bis zum Giebel übersehen kannst. Und was ich Dir zu sagen habe, will ich kurz und schnell sagen. Denn es eilt mir mit der Belehrung nicht minder als Dir mit dem Lernen.

Warum? Weil ich müde bin, lieber James, weil ich bald abdanken will. Ich bin ein Mann der alten Schule und passe nicht in die neue Zeit. Arbeit, Pflichtbewusstsein und Disziplin – Du weißt, dass ich ohne diese drei Elemente nicht wirken kann. Kleine Konzessionen habe ich selbstverständlich oft machen müssen; lieber Himmel, ich bin ein Bankdirektor! Aber die Wirtschaft, an deren Fortentwicklung ich mitarbeiten soll, muss als solche einigermaßen gesund sein.

Das große Weltgesetzbuch, das richtig verstanden und angewandt alle Spezialgesetze entbehrlich macht – ich meine das Zweitafelgesetz vom Berge Sinai –, muss auch im Wirtschaftsleben respektiert werden. Das ist heute nicht der Fall. Wir leben im Zeitalter des organisierten Diebstahls; eines so raffinierten Diebstahls, dass der Geschädigte kaum merkt, wie er bestohlen wird, und der Dieb seine Finger gar nicht zu beschmutzen braucht, um fremdes Gut an sich zu bringen. Der Vorgang, der das Eigentum vogelfrei macht, erscheint dem einfältigen Auge als eine elementare, dem menschlichen Einfluss entrückte Schicksalsprüfung, die man gottergeben hinzunehmen hat. Nur wenige ahnen, dass das vermeintliche Naturereignis in Wirklichkeit nichts anderes ist als ein roher Willkürakt der Menschen, den man frevelhaft nennen müsste, wenn hier nicht Christi Wort gälte: »Herr, vergib ihnen, denn sie wissen nicht, was sie tun.« Sie wissen es wirklich nicht, weil sie nicht wissen, was *Geld* ist. Es klingt wie eine Profanierung, aber es ist so. Die Unkenntnis vom Geld wird hier tatsächlich zur epidemischen Unmoral.

Dass inmitten dieses Hexensabbats das Bankgewerbe unfreiwillig im Reigen der Profitierenden mittanzt, widert mich am meisten an. Es scheint zwar eine Art Naturgesetz zu sein, dass die großen sozialen Krisen, in denen das Proletariat sich aufbäumt, die fettesten Tage für das Kapital sind; niemals sind ja Riesenvermögen schneller entstanden als in der großen französischen Revolution. Aber die Banken sind meiner Meinung nach dazu da, der rechtswidrigen Neuverteilung des Eigentums entgegenzuwirken, nicht dazu, Helferdienste bei ihr zu verrichten. Mit Schrecken sehe ich, wie heute die

Banken die *neuen Reichen* noch reicher machen, indem sie ihnen ihre Mittel zur Verfügung stellen, nach dem Wort: »Wer da hat, dem wird gegeben«, und wie sie die Verarmten völlig verelenden lassen, indem sie ihnen den letzten rettenden Strohhalm, den Kredit, entziehen. Ich sehe, wie die Banken in der Not der Zeit Fett ansetzen, gleich Aalen im leichenüberfüllten Sumpf. Mag sein, dass das unvermeidliche Begleiterscheinungen unserer Zeit sind und dass in diesem Punkt die Jahre nach den großen Kriegen und Revolutionen einander notwendig gleichen. Mich widert es jedenfalls an. Ich habe Sehnsucht nach jenen harmlosen Tagen, in denen es zu den größten Verbrechen zählte, wenn eine Bank einmal einen erlittenen Verlust in ihrer Bilanz verschwinden ließ oder die Beschlüsse einer Generalversammlung zu ihrem eigenen Nutzen beeinflusste. Quel bruit pour une omelette! Wie wichtig nahm man den Kleinkram! Heute vollziehen sich wirtschaftliche Verbrechen von unermesslicher Tragweite, unerkannt und ungesühnt, begleitet von einem melodischen Redestrom einschläfernden Unsinns.

Also nicht mehr lange, und ich lege das Steuer in Deine Hand, lieber James. Deine Spezialkenntnis des Bankwesens im technischen Sinne ist zwar nicht übermäßig groß, aber sie reicht nach Lage der Dinge für die Leitung einer Großbank aus. Wem Gott ein Amt gibt, dem gibt er auch Verstand; Du wirst später sehen, wie wahr das Wort ist. Dem Bankdirektor, der ja fast immer ein Gebender ist, öffnen sich bereitwillig alle Quellen des technischen, kaufmännischen und finanziellen Wissens. Jeder Industrielle, jeder Großhändler, jeder internationale Geschäftsvermittler, jeder Finanzminister eines geldbedürftigen Staates, kurz jeder, der das Geld Deiner Bank braucht, wird, ohne es zu wissen, Dein Lehrmeister. Die 60 Aufsichtsratsstellen, die ich Dir nach und nach abtreten werde, bedeuten für Dich in *geistiger* Beziehung fast noch mehr als in *materieller* eine große Einnahmequelle. Und für die Detailkenntnisse sind Deine Beamten da.

Aber in einem Punkt bedarf unbedingt Dein intellektuelles Rüstzeug der Ergänzung: Du musst wissen, auf welchem Instrument Du spielst. Wer mit Millionen und Milliarden manipulieren will, muss wissen, was *Geld* ist. Wer eine Bank leitet, d. h. am Schaltbrett der nationalen Energien steht, muss den Strom kennen, den der Druck seiner Hand auslöst, muss wissen, wie dieser Strom sich über die Wirtschaft verteilt und wie er innerhalb derselben wirkt. Man kann zwar das Schaltbrett auch mit äußerlicher Routine bedienen, ohne mehr als die unmittelbar sichtbaren Wirkungen zu übersehen. Aber wenn dies allgemein geschieht, wenn alle großen Banken von Männern mit Scheuklappen geleitet werden, treibt die Wirtschaft in Katastrophen hinein.

Du sollst also, mein lieber Sohn, den Mechanismus begreifen, vor dem Du in nicht ferner Zeit stehen wirst. Ich kann Dir allerdings nur die Grundlage, sozusagen den logischen Knochenaufbau liefern, den Du mit dem Fleisch Deines eigenen Nachdenkens umhüllen musst, keine Eselsbrücke zur praktischen Auflösung der in Deinem künftigen Beruf vorkommenden Rechenexempel. Trotzdem wird diese geistige Erbschaft, die Du schon zu meinen Lebzeiten antrittst, vielleicht der wertvollste Teil meiner ganzen Hinterlassenschaft sein. Und das will bei einem Bankdirektor, der zwei fette Revolutionsjahre mitgemacht hat, immerhin etwas besagen.

In Liebe
Dein alter Papa.

Berlin, 2. Januar 1921

ZWEITER BRIEF

Wirtschaftsverkehr ist Tauschverkehr. Tauschverkehr bedingt Kredit. »Kredit« und »Geld«.

Wie kommt es, lieber James, dass die Menschen, unter denen sich doch viele kluge, selbstständig denkende Leute befinden, das Wesen des Geldes so schwer ergründen können? Ich glaube, es kommt daher, dass sie von Kindesbeinen an mitten im Geld leben, zu eng mit ihm verwachsen sind und daher nicht die nötige Distanz zu ihm finden. Das Geld verrichtet eine bestimmte Funktion im täglichen Leben, nämlich die Funktion des Kaufens und Bezahlens, mit solcher Selbstverständlichkeit, dass man nur schwer von der Vorstellung loskommt, Geld und seine Funktion seien ein und dasselbe. Und der Sprachgebrauch bestärkt uns in dieser Vorstellung. Wenn wir einen gewissen Dickhäuter mit einem langen Rüssel *Elefant* nennen, so kann kein Zweifel daran bestehen, dass ein Elefant nichts anderes als dieser gewisse Dickhäuter mit dem langen Rüssel ist. Und wenn wir alle Dinge, mit denen wir im Alltagsleben kaufen und bezahlen, *Geld* nennen, so ist Geld natürlich nichts anderes als das Ding, das jeweils als allgemeines Kauf- und Zahlmittel dient. Ob es sich dabei um Goldmünzen oder papierne Scheine, um Salzbarren oder Kaurimuscheln handelt, ist gleichgültig, solange man nur in seinem Land damit kaufen und bezahlen kann, denn alles, womit man das zu tun vermag, nennt der Sprachgebrauch *Geld*.

Hinter dieser allbekannten Funktion steckt aber ein verborgener Sinn, ein Gesetz. Ganz wie hinter dem Vorgang des fallenden Steins, des rollenden Rades bestimmte Naturgesetze stecken. Diesen Gesetzen kommt man nicht auf die Spur, solange man ein Rüsseltier Elefant und den Elefanten ein Rüsseltier nennt, sich also begrifflich immer im Kreis dreht. Wenn man sich aber vergegenwärtigt, was allen Vorgängen und Funktionen einer bestimmten Art gemeinsam, was das Typische an ihnen ist, so kommt man sehr schnell hinter ihre tiefere Bedeutung und hinter die Gesetze, denen sie gehorchen.

Denke also, lieber James, jetzt einmal nicht an das Geld, das den Verkehr vermittelt, sondern überlege Dir, welchen Sinn der wirtschaftliche Verkehr zwischen den Menschen als solcher hat. Dann drängt sich Dir zunächst eine Beobachtung auf, die schon viele Menschen vor Dir gemacht haben: dass nämlich dieser Verkehr im Grunde genommen nur ein *Tauschverkehr* ist. So kompliziert unser Wirtschaftsleben auch aussieht, letzten Endes läuft es doch lediglich darauf hinaus, dass täglich zahllose Gegenstände für den Verbrauch hergestellt und zu diesem Zweck zwischen Herstellern, Händlern und Verbrauchern ausgetauscht werden. Wer auch immer eine Ware verkauft oder eine Leistung anbietet, immer kommt es ihm darauf an, andere Waren oder andere Leistungen dafür zu erhalten. Mach einmal die Probe. Blikke um Dich herum und prüfe, woraus sich das Vermögen Deiner Nachbarn zusammensetzt, d. h., was sie für ihre jahrzehntelang geleistete Arbeit eingetauscht und aufgesammelt haben. Was siehst Du dann? Du siehst Häuser, Möbel, Kunstgegenstände. Ferner siehst Du Maschinen, Wagen, Schiffe. Endlich siehst Du Gegenstände des täglichen Bedarfs, nämlich Vorräte an Kleidung, Wäsche, Fleisch, Brot. Alle diese Dinge sind der wirkliche Gegenwert für die Waren, welche Deine Nachbarn verkauft, und für die Arbeit, die sie geleistet haben.

Bei vielen Leuten wirst Du allerdings auch Vermögensbestandteile unkörperlicher Natur sehen, die von ganz besonderer Art zu sein scheinen, nämlich Aktien, Obligationen, Hypotheken und ähnliche Dokumente. In Wirklichkeit unterscheiden sich diese Vermögensteile aber in nichts von den konkreten Gegenständen. Jede Aktie, jede Obligation, jede Hypothek stellt höchst körperliche Häuser, Maschinen, Wagen oder Vorräte vor, die sich irgendwo befinden und die den Gegenwert der vom Aktionär oder Obligationär verkauften Waren oder geleisteten Arbeit bilden. Nur dass diese Häuser, Maschinen usw. sich nicht im unmittelbaren Besitz des Aktionärs oder Obligationärs befinden. Statt ihrer hat sie irgendein Dritter im Besitz oder in der Verwaltung, und jene haben an diesen Dritten einen entsprechenden Anspruch, der in den Aktien, Obligationen und sonstigen Dokumenten verbrieft ist. Der Sprachgebrauch nennt einen solchen Anspruch *Kapital* und das jährliche Entgelt, das der Verwalter für die Überlassung der Häuser, Maschinen usw. entrichten muss, *Zins*. Auch bei diesem Zins, den man aus

Gründen der Bequemlichkeit meist in Geld auszudrücken pflegt, handelt es sich in Wirklichkeit immer nur um Güter eines bestimmten Werts, die der Empfangsberechtigte zu erhalten wünscht, und es kommt oft genug vor, dass man den Zins nicht in Geld, sondern in Naturalien festsetzt, auf dem Lande z.B. in Kartoffeln, Getreide oder Brennholz.

Es bildet also sachlich gar keinen Unterschied, lieber James, ob Du bei Deinem Nachbarn Häuser, Maschinen und Vorräte oder Aktien und Schuldverschreibungen vorfindest. In dem einen Fall verwaltet der Eigentümer die Gegenstände, die er nach und nach gegen seine Waren und Leistungen eingetauscht hat, selbst, im andern Fall verwaltet sie ein Dritter für ihn. Auf welche Länder und auf welche Volkskreise Du Deine Untersuchung auch erstreckst, sobald Du auf den Grund gehst, wirst Du stets finden, dass Waren und Leistungen nur in der Absicht hingegeben werden, andere Waren und andere Leistungen dagegen einzutauschen. Die Wirtschaft unserer Tage beruht also, ganz wie die der grauesten Vorzeit, auf dem Tauschverkehr. Sie wirkt nur deshalb etwas kompliziert, weil ein so wirres Durcheinander von Eigentümern, Verwaltern, Darlehnsgebern und Darlehnsnehmern herrscht, die sich die eingetauschten und einzutauschenden Güter wie Federbälle zuwerfen; mit anderen Worten, weil sich das Element des *Kredits* in unserer Zeit so breitmacht.

Bei diesem Element müssen wir ein wenig verweilen, mein Junge, denn wir haben es hier mit dem wichtigsten aller Wirtschaftsfaktoren und – um es Dir jetzt schon zu verraten–

einem nahen Verwandten des Geldes zu tun. Ich habe eben gesagt, dass der Kredit den modernen Verkehr kompliziert und dass man diesen daher nicht immer als den *Tauschverkehr* erkennt, der er in Wirklichkeit ist. Da könntest Du mich nun fragen: Warum schilderst Du mir denn nicht die Verkehrsvorgänge in einem Land, in dem man den Kredit, diesen vertrackten Störenfried, nicht kennt und in dem sich daher die Tatsache des Tauschs von Ware gegen Ware unverhüllt in nackter Augenfälligkeit zeigt? Antwort: Weil es ein solches Land nicht gibt und nie gegeben hat. Der Kredit ist genauso alt wie der menschliche Wirtschaftsverkehr und lässt sich nicht aus ihm fortdenken. Nicht einmal in einem Kraal von Menschenfressern, geschweige denn in der zwar vorgeschichtlichen, aber im Allgemeinen wohlorganisierten Herdenwirtschaft unseres Erzvaters Abraham kann oder konnte man ohne den Kredit auskommen. Es gibt nur eine einzige Voraussetzung, unter der die Wirtschaft dieses wichtigste aller Hilfsmittel entbehren oder, besser gesagt, so umgestalten kann, dass es nicht mehr als Kredit empfunden wird. Diese Voraussetzung ist – aber ich will nicht vorgreifen.

Ich nehme an, dass Du, ungläubiger Thomas, an die Unentbehrlichkeit des Kredits noch nicht so recht glaubst. Und in dieser Annahme bitte ich Dich, Dir einmal den Verkehr in einem ganz primitiven Staat Innerafrikas vorzustelllen. Die Einwohner dieses Staates müssen von irgendetwas leben, nicht wahr? Ein Teil der Bevölkerung geht also auf die Jagd, um Fleisch zu beschaffen; ein zweiter Teil treibt Viehzucht, der Milch wegen; ein dritter Teil baut Mais, der arbeitsfähige Rest, soweit er nicht zur Leibgarde des Häuptlings gehört, schüttelt Kokosnüsse, schneidet Bambusrohr und Palmblätter zum Hüttenbau oder holt Wasser aus der nahen Oase. Eine noch primitivere Wirtschaftsführung ist wohl kaum denkbar. Nun stell Dir, bitte, folgenden alltäglichen Verkehrsakt vor: Ein Viehzüchter, der über nichts anderes als seine Herde Zeburinder verfügt, braucht verschiedene Gegenstände, und zwar einige Palmblätter zum Ausbessern seines Viehstalles, etwas Mais für das tägliche Brot, Wasser für seine Kühe, und versucht all dies zu *kaufen*. Wie kommt der Kauf zustande? Der nächstliegende Weg, der des glatten Tausches, ist in diesem Falle nicht gangbar, denn jedes Stück Vieh, das der Viehzüchter in Tausch geben kann, ist hundertmal mehr wert als die Palmblätter, der Mais und das Wasser. So viel Palmblätter, Mais und Wasser, wie auf ein Rind kommen, haben die Verkäufer gar nicht vorrätig, und selbst wenn sie es hätten: Was sollte wohl der Viehzüchter mit diesen Mengen beginnen? Zumindest das Wasser würde schon nach ein paar Tagen verdorben sein. Es bleibt daher den Parteien, wenn sie zum Abschluss kommen wollen, nur der Ausweg übrig, dass eine der anderen den Gegenwert ihrer Leistung stundet. *Entweder* liefern der Palmensucher, der Wasserträger, der Maisbauer ihr geringes Produkt dem Viehzüchter zunächst ohne Gegenleistung, wobei sich dieser verpflichtet, seinen Bedarf laufend bei ihnen zu decken und später, wenn die Lieferungen von Palmblättern, Wasser und Mais einen entsprechenden Wert erreicht haben, die ganze Schuld auf einmal durch Hergabe von Rindern abzutragen; *oder aber* der Viehzüchter liefert dem Palmensucher, dem Wasserträger und dem Maisbauer je ein Rind, wogegen diese sich verpflichten, ihn nach Bedarf mit ihren Produkten zu versehen, und zwar so lange, bis der Wert der Produkte den Wert eines Rindes erreicht hat. In beiden Fällen gewährt die eine Partei der anderen *Kredit*.

Kredit im täglichen Verkehr zwischen primitiven Kulturen? Wo es doch selbst im hochentwickelten Rechtsstaat kaum denkbar erscheint, dass im Marktverkehr, der sich aus unzähligen Käufern und Verkäufern zusammensetzt, jeder Einzelne jedem Einzelnen Kredit gewähren könnte!? Der Einwand liegt sehr nahe, lieber James, das gebe ich ohne Weiteres zu. Aber sag mir bitte selbst, wie Du Dir den Warenaustausch in einem primitiven Lande sonst denkst. Tatsache ist doch, dass hier genau wie im Kulturstaat nur höchst selten zwei tauschende Parteien im Besitz absolut gleichwertiger Güter sein werden. Tatsache ist ferner, dass selbst in dem seltenen Falle der Wertgleichheit die auszutauschenden Güter nicht in einem und demselben Moment zur Verfügung stehen werden. Soll beispielsweise ein schlachtreifes Schwein gegen eine Tonne Roggen ausgetauscht werden, so kann das Schwein im Winter, der Roggen aber erst im Sommer, nach der Ernte, hergegeben werden. Fast bei jedem Tausch, der zustande kommt, wird somit ein Rest bleiben, der gestundet werden muss, wird also eine Partei der anderen Kredit einzuräumen haben. Wo solch Kredit grundsätzlich verweigert wird, kann ein wirtschaftlicher Verkehr nicht aufkommen, gleichviel, ob es sich um einen hochentwickelten Kulturstaat oder um einen primitiven Hottentottenkraal handelt.

Ich sehe hier förmlich, wie Du ärgerlich die Achseln zuckst, um dadurch auszudrücken: Taktisch findet doch aber in der ganzen Welt ein reger Marktverkehr statt, obwohl nirgends die kaufenden oder tauschenden Parteien daran denken, sich gegenseitig Kredit einzuräumen. Irrtum, mein Lieber, ein schwerer Irrtum! Du hast Dir den Marktverkehr nicht gründlich genug angesehen. In Wirklichkeit hat sich in der ganzen Welt das Prinzip herausgebildet, dem Käufer einer Ware oder einer Leistung den Gegenwert zu stunden. Du selbst, mein Sohn, nimmst an jedem Tag zehnmal Kredit in Anspruch, freilich ohne es zu wissen und ohne dass Deine Lieferanten sich dessen bewusst sind. Der Verkehr hat nämlich ein Mittel gefunden, um den Kredit der Verlustgefahr zu entkleiden, die seine allgemeine Anwendung sonst verhindern würde, und zwar auf die einfachste Weise: Jeder Verkäufer lässt sich von jedem Käufer ein *Unterpfand* bestellen. Weil das bei allen Tauschakten geschieht und weil es uns daher in Fleisch und Blut übergegangen ist, mit einem Unterpfand zu zahlen und bezahlt zu werden, so sehen wir alle in dem Pfand eine definitive Gegenleistung und sind uns nicht mehr bewusst, dass diese Gegenleistung in Wirklichkeit gestundet, kreditiert worden ist. Wir sehen den Kredit nicht, der in jedem marktmäßigen Verkehrsakt steckt, weil es ein gefahrloser, *gedeckter* Kredit ist, den wir geben und nehmen, und weil die Deckung immer in einem und demselben Unterpfand besteht.

Es ist nämlich zur Verkehrssitte geworden – und zwar bei den Hottentotten genau so wie bei uns –, ein *Normalpfand* zu benutzen. Man überlässt es nicht den kaufenden Parteien, sich auf ein x-beliebiges Pfand zu einigen, sondern hat eine bestimmte, allgemein geschätzte, hinreichend vorhandene, leicht teilbare und zusammensetzbare, vor allem aber wertbeständige Ware zum landesüblichen Pfand auserkoren. Dieses Normalpfand, lieber James, nennt man *Geld.* Die Einführung des Geldes in den Verkehr ist jene vorhin von mir erwähnte einzige Voraussetzung, unter der die Wirtschaft beim Warenaustausch den Kredit zwar nicht entbehren, aber doch so sichern kann, dass er äußerlich nicht mehr als Kredit erscheint.

Ich entsinne mich, früher einmal mit einem Kollegen, einem jener wenigen Bankdirektoren, die etwas vom Geld verstehen, darüber gestritten zu haben, ob das Geld wirklich als ein *Pfand* anzusehen sei. Mein Kollege stimmte zwar mit mir darin überein, dass das Geld an sich keine definitive Gegenleistung für eine verkaufte Ware oder einen geleisteten Dienst, sondern lediglich ein Instrument sei, das den kreditierten Anspruch auf die Gegenleistung sicherstelle. Er meinte aber, das Geld, das diesen Anspruch sichere, sei nicht ein »Pfand« zu nennen, sondern eher eine »*Anweisung*«. Denn es verschaffe seinem Inhaber das Recht, Güter in Höhe eines bestimmten Werts aus dem Markt zu nehmen – zu *kaufen* –, und es weise ihm somit diese Güter an. Daher brauche das Geld durchaus nicht aus einem wertvollen Gut, etwa aus Gold oder Silber, zu bestehen. Das wäre freilich nötig, wenn es wirklich als ein vollwertiges *Unterpfand* von Hand zu Hand ginge. Da es aber tatsächlich eine *Anweisung* auf Güter sei, so könne das Geld auch aus einem anderen, minderwertigen Stoff bestehen. Denn für eine Anweisung genüge es vollständig, wenn sie von einer Autorität, etwa der

Staatsregierung oder einer großen Notenbank, ausgestellt sei, und Papier tue genau denselben Dienst wie Gold oder Silber.

Du siehst aus diesem Disput, lieber James, wie wichtig es unter Umständen sein kann, ob man das Geld als eine Pfandsicherheit ansieht, die den mit jedem Verkehrsakt verbundenen Kredit durch ihren Sachwert deck, oder ob man es für eine Anweisung hält, in der irgendeine Stelle den Kredit bescheinigt und dem Kreditgeber das Recht attestiert, Güter entsprechenden Werts zu beziehen. Denn je nachdem, ob man das Geld als ein vollwertiges Sachpfand oder als eine Anweisung der Obrigkeit ansieht, wird man das *Metallgeld* oder das *Papiergeld* als eigentliches Geld ansehen. Ich will mich aber heute bei dieser Streitfrage nicht aufhalten, weil es noch wichtigere prinzipielle Fragen gibt als die, aus welchem Stoff das Geld bestehen muss. Du wirst das deutlich erkennen, wenn wir um einige Briefe weiter sein werden. Einstweilen brauchst Du Dir also den Kopf nicht darüber zu zerbrechen, ob Du im Geld wirklich ein Unterpfand für gewährten Kredit zu erblicken hast. Unbedingt festhalten musst Du dagegen an folgenden Leitsätzen: Im wirtschaftlichen Verkehr wird stets und ausnahmslos die eine Leistung gegen die andere getauscht. Dabei erfolgt aber nur die eine Leistung in der Gegenwart. Die andere erfolgt erst in der Zukunft. Bis zu diesem künftigen Zeitpunkt besteht ein Kreditverhältnis, nämlich ein Anspruch der einen Partei (des Verkäufers) auf die noch ausstehende Gegenleistung der anderen Partei (des Käufers). Dieser Anspruch wird durch ein Verkehrsinstrument gesichert, das man *Geld* nennt. Das Geld tritt – gleichviel ob als Pfand oder als Anweisung –

provisorisch an die Stelle der noch ausstehenden Gegenleistung. Es wird daher meist selbst als die Gegenleistung angesehen. Wie das Geld beschaffen ist und wer es ausgegeben hat, ist grundsätzlich ohne jeden Belang. Es kommt nur auf eins an, und zwar darauf, dass das Geld seine Aufgabe, einen Güteranspruch sicherzustellen, vollkommen erfüllt. Tut es das, so ist es gutes, vollwertiges Geld, auch wenn es aus billigem Papier besteht. Erfüllt es die Aufgabe nicht, sodass der Inhaber seinen wohlerworbenen Güteranspruch ganz oder teilweise einbüßt, so ist es minderwertiges Geld, auch wenn es aus Metall hergestellt und von der höchsten Autorität im Staate aufgrund der geltenden Gesetze ausgegeben worden ist. So viel für heute.

In Liebe
Dein alter Papa.

Berlin, 5. Januar 1921

DRITTER BRIEF

Das Geld – ein Recht?
Gibt es »zu wenig Geld«?
Der Staat und das Geld.

Einen Satz, mein lieber James, kannst Du Dir gar nicht fest genug in Deinen Verstand hämmern. Der Satz, der die Quintessenz meines vorigen Briefes ausmacht, lautet: »Geld ist die Verkörperung eines Güteranspruchs, der dadurch entstanden ist, dass jemand etwas geleistet, die Gegenleistung aber noch nicht erhalten hat.« Oder kürzer: »Geld verkörpert den aus einer Leistung entstandenen Anspruch auf gleichwertige Gegenleistung.« Dieser Satz ist das A und O der ganzen Geldlehre. Aus ihm ergibt sich alles, was über das Geld zu sagen ist, eigentlich von selbst. Würden nur alle Völker sich diesen harmlosen Satz einprägen und niemals gegen seinen Sinn verstoßen, so würde es in der ganzen Welt kein Geldelend und keine Valutafrage geben.

Sobald der Anspruch auf Gegenleistung, den jeder marktmäßige Güteraustausch zur Folge hat, durch das Geld gesichert wird, geht mit ihm eine äußerliche Veränderung vor sich. Du erkennst das sofort, wenn Du Dir einen konkreten Fall vorstellst. Denk Dir einen Arbeiter, der für 200 Mark Arbeit geleistet, d.h., sich einen Anspruch auf Güter im

Wert von 200 Mark erworben hat. Er hat diesen Anspruch bis zum Zahltag ausschließlich gegen seinen Arbeitgeber. (Bis zum Zahltag gewährt jeder Arbeiter seinem Arbeitgeber Kredit.) In dem Moment aber, wo dieser dem Arbeiter die 200 Mark auszahlt, fällt der Anspruch gegen ihn selbst fort. Die beiden sind *quitt*. Dadurch ist aber nicht etwa auch der Anspruch an sich erloschen, vielmehr bleibt derselbe, im Geld verkörpert, in der unveränderten Höhe von 200 Mark bestehen. Nur richtet sich der Anspruch jetzt nicht mehr gegen einen Einzelnen, den Arbeitgeber, sondern gegen die Gesamtheit, den Markt. Der Arbeiter kann die ihm für seine Arbeit zugesicherte Gegenleistung nunmehr einkassieren, wo und in welcher Form er will. Er kann sich beim Schuster ein paar Stiefel, beim Kaufmann Lebensmittel und Zigarren, beim Gastwirt Bier kaufen. Erst wenn er das getan und seine 200 Mark ausgegeben hat, ist sein Güteranspruch erloschen. Dann erst ist der Zweck des Tausches erfüllt, den der Arbeiter mit seinem Arbeitgeber vorgenommen hat: Er hat für seine Arbeitsleistung Stiefel, Lebensmittel, Zigarren und Bier eingetauscht. Der Empfang des Geldes war nur eine Zwischenstufe, die notwendig war, weil der Arbeitgeber die Waren, die der Arbeiter zu erhalten wünschte, nicht selbst hatte, weil es somit einer Garantie bedurfte, dass der Arbeiter die durch seiner Hände Arbeit verdienten Waren auch wirklich irgendwo erhielt.

Halte das recht fest, mein Sohn: Solange jemand für eine Leistung keinerlei Gegenwert, auch nicht in der Interimsform von Geld, erhalten hat, besitzt er lediglich einen Anspruch an eine *bestimmte Person*, nämlich eine Forderung an den Empfänger seiner Leistung. Sobald aber derselbe Jemand Geld für seine Leistung erhalten hat, besitzt er eine Forderung an die *Allgemeinheit.* Im ersteren Fall, d.h., solange der Leistende noch einen Anspruch an eine einzelne Person oder ein Guthaben bei dieser Person hat, nennt der Sprachgebrauch das Verhältnis zwischen den beiden Parteien ein Kreditverhältnis. Im zweiten Fall, wenn also der Leistende Geld erhalten hat, spricht man, obwohl sich in der Sache selbst eigentlich nichts geändert hat, nicht mehr von Kredit, sondern von Kaufkraft. Man sagt, der Geldempfänger könne am Markt eine so große *Kaufkraft* ausüben, wie in dem empfangenen Geldbetrag ausgedrückt ist. Streng genommen besteht aber auch jetzt noch ein Kreditverhältnis. Der Geldempfänger hat nach wie vor seine Forderung, nur dass er diese Forderung nicht mehr gegen eine einzelne Person, sondern gegen die Gesamtheit hat, die den *Markt* ausmacht.

Wir sind jetzt so weit, lieber James, dass wir wissen, was das Geld seinem Wesen nach *darstellt* und welches seine wichtigste *Funktion* ist. Um es kurz zu rekapitulieren: Das Geld stellt ein attestiertes Recht zum Bezuge von Gegenleistungen dar, denen entsprechende Leistungen vorangegangen sind, und seine Hauptfunktion besteht darin, diese Gegenleistungen von dem *Markt* auf den Empfangsberechtigten zu übertragen. Aber damit sind wir noch immer sehr weit vom Ziel. Wir stehen noch vor einer ganzen Reihe ungelöster Fragen. Und zwar drängen sich uns vor allem drei Fragen auf. Erstens: Wie viel Geld, wie viel Kaufkraft muss in einem Land existieren? Zweitens: Wie viel Marktware erhält man für das einzelne Geldzeichen, d. h., welchen Wert hat das Geld? Und drittens: Wie entsteht das Geld? Im Grunde beantworten alle diese Fragen sich von selbst, sobald man im Geld nur das sieht, was es ist, nämlich ein Bezugsrecht, und immer daran denkt, dass sich in ihm eine aufgeschobene Gegenleistung verkörpert. Da aber die menschliche Logik gern Seitensprünge macht und jedes Abweichen vom geraden Wege hier unfehlbar zum Irrtum führt, so muss ich Dir beim Auffinden der eigentlich selbstverständlichen Antworten ein wenig helfen.

Also erstens: Wie viel Geld muss in einem Land umlaufen? Hierüber sind bei den Volkswirten die merkwürdigsten Ansichten verbreitet. Die meisten glauben, dass die Geldmenge in einem ganz bestimmten Verhältnis zur Güterproduktion stehen müsse und dass daher mit zunehmender Produktion auch mehr Geld in Umlauf zu setzen sei; geschehe das nicht, so entstehe *Geldmangel.* Diese Auffassung, wie überhaupt jede Auffassung, die im Geld einen planmäßig zu vermehrenden oder zu vermindernden Artikel sieht, ist grundfalsch. Sie ist genauso unsinnig, wie es etwa die Ansicht sein würde, man brauche nur die Eintragungen in die Grundbuchblätter und Häuser-Kataster im Land zu vermehren, um die Wohnungsnot zu beseitigen. Man ist wohl imstande, greifbare Gegenstände, also Häuser und Wohnungen, zu vermehren oder zu vermindern. Aber man kann kein abstraktes Recht verdoppeln oder halbieren. Und das Geld ist nichts anderes als ein attestiertes Recht. Es ist – man kann das gar nicht oft genug wiederholen – das Recht auf eine Gegenleistung, das sich jemand dadurch erwirbt, dass er seine eigene Leistung hingibt. Für den Arbeiter, der seine Arbeitsleistung zum vereinbarten Preis von 200 Mark hingegeben hat, bedeutet das Geld, das er dafür empfängt, nichts anderes als das Recht, sich den vereinbarten Gegenwert durch Einkaufen von Stiefeln, Lebensmitteln, Bier usw. zu beschaffen. Seine 200 Mark entsprechen genau der Gütermenge, auf die er sich durch seine Arbeit ein Anrecht erworben hat. Mit jedem Einkauf, den er macht, verringert sich sein Geldbestand, d. h. sein Anrecht auf Güter. Denn in der Höhe seines Einkaufs erhält er für seine Arbeitsleistung die entsprechende *definitive* Gegenleistung, wofür er natürlich die *provisorische* Gegenleistung, nämlich das im Geld verkörperte Recht zum Güterbezug, hergeben muss; genau wie Du im Theater Deine Garderobenmarke, Dein Recht zur Abhebung eines Mantels und eines Huts, in dem Moment einbüßest, in dem Du die Sachen in Empfang nimmst.

Jeder Mensch, der einen Tauschakt vorgenommen, den Gegenwert, auf dem es ihm ankommt, aber noch nicht erhalten hat, besitzt Geld, d. h. ein beglaubigtes Recht zur Erhebung des Gegenwerts in natura. Und jedes Geldzeichen, das im Land existiert, bedeutet, dass irgendjemand einen Gegenwert, auf den er einen Anspruch besitzt, noch nicht in Empfang genommen hat. Daher kann es eigentlich nie *zu viel* und nie *zu wenig* Geld geben. Es läuft immer genau so viel Geld in einem Lande um, wie Tauschakte zwar vorgenommen, aber nicht vollständig erledigt, sondern sozusagen noch in der Schwebe geblieben sind. Denn das Geld ist ja gerade die Bescheinigung, dass ein Tauschakt erst zur Hälfte durchgeführt worden ist, weil der zum Empfang der Gegenleistung Berechtigte diese noch nicht in Händen hat; es ist zugleich das Rechtsdokument, das seinen Inhaber zum Bezug der Gegenleistung legitimiert. Da somit die Geldmenge im Land immer genauso groß sein muss wie die Summe aller noch nicht in Anspruch genommenen Gegenleistungen, so vermag ich beim besten Willen nicht einzusehen, wie man die Geldmenge von Staats wegen vergrößern oder verkleinern kann. Jedes willkürlich neu geschaffene Geldzeichen bedeutet ja einen Rechtstitel zum Bezuge einer Gegenleistung, obwohl niemals eine Leistung stattgefunden hat, die sie rechtfertigt. Es bescheinigt einen in der Schwebe gelassenen Tauschakt, der in Wirklichkeit gar nicht vorgenommen worden ist, und ist daher gewissermaßen eine Fälschung. Umgekehrt bedeutet jede willkürliche Verringerung des Geldumlaufs, jede Vernichtung von Geldzeichen, eine Annullierung von wohlerworbenen Rechten auf Gegenleistung und somit einen Gewaltakt.

Ich möchte fast mit Dir wetten, lieber James, dass ich den Einwurf kenne, den Du hier machen willst: »Wenn der Staat neues Geld schafft, so ermöglicht er dadurch eine große Zahl neuer Tauschakte. Tausende, die vorher nicht kaufen konnten, können es jetzt. Es entsteht eine Nachfrage am Markt, welche die Erzeuger zwingt, mehr Güter herzustellen, welche also die nationale Produktion hebt. Der vermehrten Geldmenge steht dann eine vermehrte Gütermenge gegenüber, sodass der im neuen Geld verkörperte Anspruch vollauf befriedigt werden kann.« Habe ich recht? Ist das nicht Dein Gedankengang? Wenn nicht, so ist es doch die landläufige Argumentation, und da sie außerordentlich bestechend klingt, werde ich mich wohl oder übel mit ihr auseinandersetzen müssen.

Machen wir uns die Sache einmal an einem praktischen Beispiel klar: Ein Staat, in dem eine Million Geldzeichen zirkuliert, gibt aus irgendwelchen Gründen eine weitere Million aus. Er stellt also Anrechtscheine aus, die genau wie die bereits umlaufenden Geldzeichen zum Bezug von Gütern berechtigen. Frage: zum Bezuge *welcher* Güter? Antwort: zum Bezuge aller Gattungen. Es steht völlig im Belieben der Empfänger des neuen Geldes, welche Güter sie auf dem Markt damit kaufen wollen. Wir stehen also vor der Tatsache, dass ein bestimmtes Quantum von Marktgütern, das bis dahin noch keine Veränderung erfahren hat, plötzlich einer doppelt so großen Nachfrage gegenübersteht, weil die alten *und* die neuen Geldzeichen das in ihnen verkörperte Bezugsrecht geltend machen. Es entsteht gewissermaßen eine Konkurrenz um die Güter. Das muss natürlich seine Folgen haben. Es ist eine alte, noch niemals bestrittene Erfahrungstatsache, dass bei doppelter Nachfrage und gleichbleibendem Angebot die Preise der Waren steigen. Die Verdoppelung der Geldzeichen führt also dazu, dass die Marktgüter teurer werden. Wie groß der Preisaufschlag ist, das bildet eine wissenschaftliche Streitfrage. Wir wollen der Einfachheit halber annehmen, dass die verdoppelte Nachfrage zu einem verdoppelten Preis führt. Das Resultat der Geldvermehrung ist demnach, dass jeder Inhaber alten Geldes bei seinen Einkäufen das Doppelte bezahlen muss wie früher.

Hier höre ich wieder einen Zwischenruf: »Das stimmt nicht! Die neue Nachfrage reizt durch die steigenden Preise ja die ganze Produktion zu erhöhter Tätigkeit. Infolgedessen erscheinen sehr bald neue Gütermengen am Markt, die der verstärkten Nachfrage ein verstärktes Angebot gegenüberstellen und die steigenden Preise wieder herunterdrücken.« Der Zwischenruf ist nicht ganz unberechtigt. Es *kann* in der Tat diese Wirkung eintreten, nämlich dann, wenn die Fabrikanten und ihre Arbeiter sich durch die Preissteigerung zu einer verstärkten Arbeitsleistung anregen lassen. Aber diese Wirkung *muss* nicht eintreten. Vergegenwärtige Dir, dass die steigenden Preise zu wesentlich erhöhten Gewinnen führen, dass die reichlicheren Gewinne höhere Löhne zur Folge haben und dass so in der ganzen Produktion eine Leichtigkeit des Verdienens entsteht, die sehr oft nicht zu vermehrter Arbeit, sondern zum Gegenteil, zu einer gewissen Bequemlichkeit und Trägheit reizt. In solchen Zeiten liegt oft der Ruf nach dem Sieben- oder Sechsstundentag in der Luft. Es kann also sehr leicht ein Rückgang statt einer Steigerung der Gütererzeugung eintreten. Aber selbst wenn die Produktion wirklich steigt und das Angebot wächst, ist das doch immer nur die allmählich und zögernd wirkende Folge der sofort und ungestüm auftretenden Preissteigerung. Das erste und sichere Moment ist immer die Teuerung; die Verbilligung ist eine spätere und sehr fragliche Eventualität, die überdies im besten Fall die Teuerung etwas mildert, sie aber niemals ganz verhindert. Wir müssen uns also schon mit der Tatsache abfinden, dass die Geldvermehrung die Preise steigert, und die einzige Konzession, die ich Dir allenfalls machen kann, ist die, dass wir die Steigerung als nicht ganz so stürmisch voraussetzen, wie ich es oben getan habe. Nehmen wir also in Gottes Namen an, dass eine hundertprozentige Geldvermehrung eine nur fünfzigprozentige Preissteigerung zur Folge hat.

Was heißt es aber, lieber James, wenn alle Inhaber alten Geldes bei jedem Einkauf 50 Prozent mehr bezahlen müssen als früher? Was heißt es, wenn, um bei unserem Beispiel zu bleiben, der Arbeiter für seine 200 Mark nicht mehr wie früher Stiefel, Lebensmittel, Zigarren und Bier erhält, sondern etwa nur noch Lebensmittel und Zigarren, sodass er auf Stiefel und Bier verzichten muss? Das heißt nichts anderes, als dass man ihm durch die Geldvermehrung einen Teil der Gegenleistung, die er sich mit seiner Arbeit verdient hat, gewaltsam genommen, dass man ihn bis zu einem gewissen Grade *enteignet* hat. Natürlich wird er versuchen, sich schadlos zu halten, indem er seinen Arbeitstarif erhöht und nunmehr 300 Mark Lohn verlangt, d. h. Anspruch auf so viel Bezugsrechte erhebt, wie nötig sind, um dieselben Gütermengen wie früher beziehen zu können. Nur selten aber gelingt ihm dies in vollem Maße. Und wenn es ihm gelingt, so geschieht es auf Kosten anderer Bevölkerungsklassen, etwa der Beamten, der Staatspensionäre, der Rentner. Denn die Tatsache ist nicht aus der Welt zu schaffen, dass die eine Million neuer Geldzeichen, die der Staat geschaffen hat, auf Gütermengen Beschlag legen, in die sich bis dahin die Million alter Geldzeichen geteilt haben. Irgendwelche Volksklassen müssen da notwendigerweise die Kosten tragen und es sich gefallen lassen, dass ihr wohlerworbener Anspruch

auf Gegenleistung um ein Drittel oder mehr zusammenschrumpft.
Das soll und darf aber nicht sein, mein Sohn! Das Geld ist ein *Recht* und soll kein *Unrecht* werden. Darum darf der Staat sich niemals die Freiheit herausnehmen, Geld nach Willkür schaffen oder vernichten zu wollen, denn er schafft oder vernichtet damit wohlerworbene Ansprüche auf Güter. Es ist ein eigen Ding um die Allmacht des Staates auf dem Gebiet des Geldwesens. Es ist eine Allmacht, die der *Ohnmacht* so ähnlich sieht wie ein Ei dem anderen. Wenn Du nämlich dem, was ich eben ausgeführt habe, tiefer auf den Grund gehst, so wirst Du eine höchst merkwürdige Entdeckung machen, und es tut mir nur leid, dass ich Dein erstauntes Gesicht nicht sehen kann, wenn Du sie machst. Oder ist es keine überraschende Entdeckung, dass der Staat *gar kein Geld schaffen kann*, auch wenn er sich noch so große Mühe gibt? Es ist aber in der Tat so. Alles, was der Staat vermag, erschöpft sich darin, mechanisch neue Geldzeichen herzustellen. Aber diese Geldzeichen erfüllen nicht den Zweck, den das Geld hat; sie stellen dem Volk keine neuen Bezugsrechte auf Güter zur Verfügung, sie machen das Volk nicht kaufkräftiger, sondern sie *übertragen* nur längst bestehende Bezugsrechte, längst vorhandene Kaufkraft von ihren rechtmäßigen Eigentümern auf andere Leute. Sie schöpfen von dem Recht zum Güterbezug, das der Volksgemeinschaft gehört und ihr im alten Geld verbrieft ist, einen bestimmten Teil ab und verleihen diesen Teil den Inhabern der neu ausgegebenen Geldzeichen. Ergo: Der Staat schafft, indem er Geldzeichen ausgibt, kein neues Geld, sondern er besteuert den einen Teil der Bevölkerung zugunsten des anderen.

So liegen die Dinge, lieber James. Es ist nur eine Augentäuschung, wenn Du angesichts der Berge von Zettelgeld, in denen wir zu ersticken drohen, glaubst, das Deutsche Reich habe in den letzten Jahren mithilfe der Reichsbank sehr viele Milliarden Mark neues Geld geschaffen. Freilich, die Zettel sind da, daran ist nicht zu zweifeln. Aber sie sind kein neues Geld. Die Kaufkraft, die ihnen innewohnt, ist dieselbe Kaufkraft, die früher in den vier oder fünf Milliarden alten Geldes steckte und von Rechts wegen den Inhabern dieser wenigen Milliarden gehört. Dass man den weitaus größten Teil der Kaufkraft von dem alten Gelde zwangsweise auf neue Produkte der Notenpresse übertragen und diesen künstlich einen Wert verliehen hat, kann man nur euphemistisch als *Geldpolitik* bezeichnen. In Wirklichkeit ist es ein brutaler Akt von Enteignung. Und tatsächlich ist es auch das Einzige, was der Staat dem Geld gegenüber vermag. Er kann Geld, d. h. Güterbezugsrechte, immer nur *enteignen*, niemals *neu schaffen*.

Dass der Staat nicht imstande ist, Geld zu schaffen, wenn er es für nötig hält, schadet aber absolut nichts. Denn Geld ist ja kein Selbstzweck, sondern nur ein Mittel zum Zweck der Verkehrserleichterung, und es ist in jedem Land, in dem der Staat keine Torheiten macht, immer genau so viel Geld vorhanden, wie für diesen Zweck nötig ist. Das Geldwesen regelt sich automatisch, und der Staat hat weiter nichts zu tun, als den Geldautomaten *technisch* in Ordnung zu halten. Für schöpferische Betätigung ist hier kein Platz, und es ist ein verhängnisvoller Irrtum, wenn zahlreiche Volkswirte glauben, das Geld sei ein Geschöpf der staatlichen Rechtsordnung.

Wessen Geschöpf das Geld nun aber in Wirklichkeit ist? Hab einige Tage Geduld, mein Sohn, und Du wirst es wissen. Für heute weigert sich meine Feder, ihren Dienst weiter zu verrichten.

In Liebe
Dein sehr ermüdeter Papa.

Berlin, 8. Januar 1921

VIERTER BRIEF

Hat das Geld einen Eigenwert? Wirkliches Geld und Scheingeld.

Über zwei Dinge, hoffe ich, bist Du Dir heute im Klaren, lieber James. Erstens darüber, dass jedes Geldzeichen ein *Recht*, und zwar ein beglaubigtes Güterbezugsrecht, darstellt; zweitens darüber, dass die Menge dieser Rechte, die Menge des umlaufenden Geldes, nie zu groß und nie zu klein ist, sondern immer gerade dem Bedarf entspricht. Wie groß dieser Bedarf ist, und welche absolute Geldmenge infolgedessen im Land umläuft, das werden wir in einigen Tagen sehen, nämlich, wenn wir uns der interessanten Frage zuwenden, wie das Geld entsteht. Bis dahin müssen wir manches noch auf sich beruhen lassen; so z.B. auch die eigentümliche Erscheinung, dass es in jedem Land und zu jeder Zeit so aussieht, als ob bei Weitem zu wenig Geld vorhanden wäre, und zwar gleichgültig, ob in dem Land eine Million oder 100 Billionen Geldzeichen im Umlauf sind. Ich weiß sehr wohl, dass diese universelle Erscheinung Dich stutzig macht, obwohl Du ahnst, dass irgendein Irrtum dahintersteckt. Aber wir können nicht alle Details auf einmal behandeln, sondern müssen immer hübsch eins nach dem anderen vornehmen. Sind erst die Hauptfragen aufgeklärt, so verschwindet mancher Irrtum in den Einzelheiten ganz von selbst.

Die erste Hauptfrage war die nach der *Menge* des Geldes; mein voriger Brief hat sie zunächst einmal in großen Umrissen behandelt, und wir wollen uns nunmehr der zweiten Hauptfrage zuwenden: Welchen *Wert* hat das Geld?

Mit dieser Frage müsstest Du eigentlich schon allein fertigwerden können. Denn sobald Du Dir vergegenwärtigst, dass das Geld weiter nichts ist als ein attestiertes Recht, ein Recht zum Bezug von Gütern, musst Du ohne Weiteres erkennen, dass die Fragestellung an sich sinnlos ist. Ein abstraktes *Recht* kann niemals einen konkreten *Wert* haben. Es kann wohl den Wert, den irgendeine Sache hat, von einer Person auf die andere übertragen, es kann die Besitzverhältnisse an diesem Werte regeln, aber es kann den Wert nicht in sich selbst verkörpern. Du darfst Dich nicht dadurch irremachen lassen, dass es Geld einer bestimmten Art gibt, welches tatsächlich ungefähr den konkreten Wert hat, den es attestiert, dass also z.B. ein englischer Sovereign und eine alte deutsche Doppelkrone nicht nur ein Bezugsrecht im Wert von 20 Schilling und 20 Mark darstellen, sondern diesen Wert kraft ihrer körperlichen Beschaffenheit, weil sie nämlich aus Gold bestehen, auch wirklich haben. In diesem Falle ist es nicht das *Geld*, nicht das Güterbezugsrecht, das einen Eigenwert hat, sondern nur das *Metall*, auf dem (durch Prägung) das Bezugsrecht bescheinigt ist. Solltest Du zufällig eine Doppelkrone aus der Vorkriegszeit in unsere Gegenwart hinübergerettet haben, so kannst Du sofort die Probe auf das Exempel machen, indem Du das Goldstück einschmelzen lässt. Obwohl das Gold nunmehr keine Doppelkrone, kein Geld mehr ist, hat es doch denselben Wert wie früher, nämlich 20 Goldmark oder 4¾ Dollar. Die papiernen Zwanzigmarkscheine dagegen, die Du etwa noch aus der Vorkriegszeit liegen hast, sind tief, tief unter diesen Wert gesunken. Würde das Geld seinen Wert wirklich aus sich selbst, aus seiner Eigenschaft als Geld herleiten, so müssten die beiden Geldzeichen, die eins wie das andere 20 Mark darstellen, genau den gleichen Wert haben. Tatsächlich hat sich nur die Doppelkrone ihren alten Wert von 20 Goldmark = 4¾ Dollar erhalten, und zwar deshalb, weil sie seit jeher noch etwas anderes als Geld gewesen ist, nämlich Gold, d.h. eine Ware von ganz besonderer Wertbeständigkeit.

Wir müssen also die Frage anders fassen, mein Lieber. Wir haben nicht zu fragen: »Welchen Wert hat das Geld?« Sondern: »Wie groß ist der Güteranspruch, den das Geld gewährleistet?«

So gestellt, beantwortet sich die Frage aber von selbst. Denn wie lautet der Fundamentalsatz, den Du Dir einzuprägen hast, wenn Du meinen väterlichen Zorn und dauernde Unkenntnis in puncto Geldwesen vermeiden willst? Er lautet: »Geld verkörpert den aus einer Leistung entstandenen Anspruch auf Gegenleistung.« Daraus ergibt sich ohne Weiteres, dass der Güteranspruch, den das Geld gewährleistet, bzw. der abgeleitete Wert, den es deshalb für seinen Eigentümer hat, genauso groß ist wie der Wert der vorausgegangenen Leistung.

Das klingt Dir vielleicht so, als ob es im Grunde gar nichts besagt, sondern nur ein Spiel mit Worten ist. Denn wir kennen den Wert der vorangegangenen Leistung genauso wenig wie den Wert der folgenden Gegenleistung. Tatsächlich handelt es sich hier aber um eine Feststellung, die sehr, sehr wichtig ist, weil sie uns zu einer Erkenntnis von außserordentlicher Tragweite führt. Wenn es nämlich richtig ist, dass der *Wert des Geldes* – wir wollen der Kürze halber bei diesem nicht ganz korrekten Ausdruck bleiben – dem *Wert der Leistung* gleichkommt, für die es sein Inhaber erhalten hat, so folgt daraus nicht weniger, als dass es heute fast in ganz Europa – *kein Geld mehr gibt.*

Ich bitte Dich dringend, mein Lieber, dies nicht etwa als einen Scherz aufzufassen. Sosehr es Dich auch verblüffen mag, es ist in der Tat buchstäblich wahr, dass heute nur noch in sehr wenig Ländern richtiges, echtes Geld existiert, d. h. ein Zahlungsmittel, das die erste und wichtigste Aufgabe des Geldes erfüllt, die darin besteht, den vollen Wert der Leistung bis zum Bezug der Gegenleistung zu konservieren, ihn gewissermaßen in der Gegenleistung auferstehen zu lassen. Das Geld, das Du heute nicht nur in Deutschland, sondern auch in Ländern mit verhältnismäßig guter Währung, wie England, Holland, der Schweiz, umlaufen siehst, erfüllt zwar viele Aufgaben, die das echte Geld erfüllt, aber es versagt in der Hauptsache. Es bietet seinem Inhaber nicht die Gewähr, dass er für eine Ware, die er geliefert, oder eine Leistung, die er vollbracht hat, wirklich den vereinbarten Gegenwert erhält. Denke z. B. an den Arbeiter, von dem ich in meinem vorigen Briefe einige Mal gesprochen habe. Als er vor drei Jahren 200 Mark für seine Arbeit erhielt, da erhielt er den Wert von einem Paar Stiefel sowie von Lebensmitteln, Zigarren und Bier für den Bedarf von etwa zwei Wochen. In dem Bewusstsein, die 200 Mark jederzeit in diese Waren umtauschen zu können, hat er sich für seine Arbeit ein Entgelt in diesem und keinem höheren Werte ausbedungen. Wenn er nun mit der Beschaffung der Sachen gewartet und das Geld aufbewahrt (*gespart*) hat, um sich erst heute in den Besitz all der Güter zu setzen, für die er vor drei Jahren seine Leistung hingegeben hat, so sieht er mit Befremden, dass die Güter für ihn nicht mehr erreichbar sind. Er erhält für sein Geld im besten Fall ein Paar Stiefel. Um die Lebensmittel, die Zigarren, das Bier ist er geprellt. »Das Geld hat keinen Wert mehr«, sagt er bitter, und er meint damit, dass das Geld seine Bestimmung, ihm den vollen Wert seiner Leistung bis zu dem Tage zu sichern, an dem er die Gegenleistung beansprucht, nicht erfüllt hat. Ein Geld aber, das diese Bestimmung nicht erfüllt, sondern den in ihm verkörperten Anspruch zusammenschrumpfen lässt, ist kein echtes Geld, sondern eine unvollkommene Imitation. Und mit solchen Imitationen ist heute ganz Europa überschwemmt. Die Nachahmungen sind ja nicht überall so schlecht wie in Deutschland, Österreich oder gar Russland, wo sie den in ihnen verkörperten Anspruch auf ein Zehntel, ein Fünfzigstel oder ein Tausendstel haben zusammenschmelzen lassen. Aber auch in England, der Schweiz, Holland usw., wo der Anspruch noch drei Viertel seiner ursprünglichen Höhe oder mehr beträgt, ist das Geld, das ihn derart reduziert hat, kein wirkliches Geld, sondern Scheingeld.

Echtes Geld ist nur ein solches, das seinem Inhaber den aus einer Leistung entstandenen Rechtsanspruch auf Gegenleistung ungeschmälert erhält. Dass es daneben noch eine Reihe anderer Funktionen erfüllt, z. B. den Rechtsanspruch von Hand zu Hand gehen lässt, fällt neben dem Hauptzweck nicht ins Gewicht; sobald es diesen nicht oder nur mangelhaft erfüllt, ist es kein Geld mehr, so gut es auch etwa die anderen Funktionen noch erfüllen mag.

Also rekapitulieren wir, lieber James: Da Geld ein Anspruch auf Gegenleistung ist, so ist sein *Wert* genauso groß wie diese. Und da es seine erste und wichtigste Aufgabe ist, dafür zu sorgen, dass die Gegenleistung ihrerseits so groß ist wie die vorangegangene Leistung, so ist der *Wert* des Geldes auch genauso groß wie diese Leistung.

»Soweit dies zutrifft, ist es im Grunde eine Selbstverständlichkeit«, wirst Du hier vielleicht einwerfen. »Außerdem scheint es mir aber nicht einmal ganz richtig zu sein. Die Stiefel und Lebensmittel z. B., auf die unser mehrfach erwähnter Arbeiter einen Anspruch hat, können infolge einer Lederknappheit oder einer Missernte knapp und teuer werden. In diesem Fall geht dem Arbeiter ein Teil seines Anspruchs verloren. Das Geld, das den Anspruch verkörpert, reicht dann nur noch für Lebensmittel, Zigarren und Bier, aber nicht mehr für Stiefel aus. Es entspricht also einer Gegenleistung, die kleiner ist als die ursprüngliche Leistung, während es den Wert derselben doch gerade sichern sollte. Also ist auch *wirkliches* Geld nicht imstande, einen Güteranspruch für die Dauer voll zu gewährleisten.«

Ich beginne mit dem zweiten Einwand, der mir Gelegenheit gibt, mich in einem wichtigen Punkt zu berichtigen. Wenn ich gesagt habe, der Arbeitgeber bezahle den Arbeiter für seine Leistung in der Weise, dass er ihm – durch Hingabe von 200 Mark – einen Anspruch auf Stiefel, Lebensmittel, Zigarren und Bier gewährleiste, so ist das, wie ich ohne Weiteres zugebe, nicht ganz korrekt. Ich habe den Vorgang nur der Anschaulichkeit wegen so scharf präzisiert. In Wirklichkeit stellen die 200 Mark des Arbeitgebers keine Garantie dafür dar, dass die Gegenstände, die im Moment der Leistung für 200 Mark erhältlich sind, in alle Ewigkeit dafür zu haben sein werden. Das Geld sichert den Anspruch auf Gegenleistung immer nur innerhalb eines bestimmten Rahmens. Indem der Arbeitgeber 200 Mark hergibt, überlässt er dem Arbeiter einen ganz bestimmten Teil der in diesem Augenblick im Land vorhandenen Ansprüche auf Güter, sagen wir ein Millionstel aller Ansprüche. Dieses Millionstel bedeutet heute ein Paar Stiefel und ein bestimmtes Quantum Lebensmittel, Zigarren und Bier, kann aber morgen bereits mehr oder weniger bedeuten. Das hängt ganz von der größeren oder geringeren Erzeugungsfähigkeit im Land ab, die unter anderem auch von elementaren Ursachen bestimmt wird. Gegen derartige Schwankungen kann auch das wirkliche Geld, das den Namen *Geld* verdient, den Güteranspruch nicht schützen. Es kann beispielsweise nicht verhindern, dass eine Erfindung gemacht wird, die es gestattet, einen Stiefel in einem Zehntel der jetzigen Arbeitszeit herzustellen, sodass der Arbeiter statt des einen Paares Stiefel, auf das ihm seine Leistung Anspruch gibt, eines Tages deren zwei oder drei beziehen kann. Dieses Moment der Unsicherheit tritt aber weit zurück gegenüber der Gewähr, die das Geld wirklich leistet und die darin besteht, dass es seinem Inhaber dauernd einen festbestimmten Teil aller im Land existierenden Güteransprüche sichert. Unser Arbeiter hat zwar keinen Anspruch auf eine bestimmte Menge Stiefel, Lebensmittel usw., aber er hat einen Anspruch auf ein Millionstel des Gesamtanspruchs im Lande. Wenn auch dieses Millionstel bald einem größeren, bald einem geringeren Güterquantum entspricht, so pflegen doch diese Mengen-Schwankungen so gering zu sein und sich im Laufe der Zeit so auszugleichen, dass man ihnen in der Praxis kaum Rechnung trägt, auch wenn es sich um Abmachungen auf 50 oder 100 Jahre handelt. Aber wohlgemerkt nur da, wo wirkliches, echtes Geld umläuft. Denn nur *dieses* Geld sichert seinem Inhaber den ihm zustehenden Teilanspruch, verbürgt also, um bei unserem Beispiel zu bleiben, dem Arbeiter, dass er Besitzer eines Millionstel aller Güteransprüche ist und bleibt. Das *Scheingeld*, das wir jetzt in fast allen Ländern umlaufen sehen, leistet diese Bürgschaft nicht, sondern vermehrt die Güteransprüche so willkürlich, dass unser Arbeiter schon nach kurzer Zeit nicht mehr ein Millionstel, sondern je nach dem Grad der Willkür nur noch ein Zehnmillionstel oder ein Hundertmillionstel aller Ansprüche, also ein Zehntel oder ein Hundertstel der ihm rechtmäßig zustehenden Kaufkraft besitzt.

Damit Du mir übrigens nicht gleich wieder in die Parade fährst, lieber James, will ich hier gleich einschalten, dass es auch Momente gibt, welche die Gesamtmenge aller Güteransprüche mit der Zeit auf natürlichem Wege vermehren. Der

Anspruch unseres Arbeiters, der sich heute wie eins zu einer Million verhält, kann auch unter der Herrschaft wirklichen Geldes eines Tages auf das Verhältnis eins zu eineinhalb Millionen heruntersinken. Aber dieses Sinken bedeutet keinen Schaden für ihn, denn neue Ansprüche, die auf natürlichem Weg entstehen, sind stets von produktiven Mehrleistungen begleitet. Der Güterbestand in der Wirtschaft erhöht sich infolge dieser Mehrleistungen in solchem Maß, dass auf den einzelnen Anteil, auch wenn er relativ kleiner geworden ist, dennoch dieselbe oder sogar eine größere Gütermenge entfällt wie ursprünglich. Ich werde auf diesen Punkt später beim Kapitel *Entstehung des Geldes* zurückkommen.

Nun noch zu Deinem Einwand, die Wertgleichheit zwischen Geld, Leistung und Gegenleistung sei eine Selbstverständlichkeit. (Du siehst, ich nehme Deine Einwänden ernst, auch wenn ich nur *vermute*, dass Du sie machst.) Gewiss ist es selbstverständlich, dass das Geld, das nichts anderes als ein Bezugsrecht auf eine Gegenleistung ist, denselben *Wert* wie diese hat. Und ebenso selbstverständlich ist es, dass, solange die Gegenleistung denselben Wert wie die vorangegangene Leistung hat, das Geld auch mit dieser *wertgleich* ist. Leider ist aber diese Selbstverständlichkeit die einzige Antwort, die ich auf die Frage nach dem *Wert* des Geldes überhaupt zu geben vermag. Denn einen Eigenwert hat das Geld ja nicht und kann es, da es lediglich ein *Recht* ist, nicht haben.

»Auch wenn das Geld aus edlem Metall besteht?«, höre ich Dich im Geiste fragen, obwohl ich hierauf eigentlich schon geantwortet habe. Also nochmals: Nein, mein Junge, auch dann nicht. Eine goldene Doppelkrone, die Du in den Schmelztiegel wirfst, hat einen bestimmten Wert nicht deshalb, weil sie Geld ist, sondern weil sie aus Gold, d.h. einem begehrten Metall besteht. Läuft die Doppelkrone als Zahlungsmittel im Land um, so verhält es sich genauso: Ihr Metallgehalt, nicht ihre Geldeigenschaft macht sie wertvoll. Allerdings hat sie im letzteren Fall neben ihrem Eigenwert noch den abgeleiteten Wert, den jedes Geldzeichen in seiner Eigenschaft als Garantie eines Rechtsanspruchs hat, also den Wert, der auch einem papierenen Zahlungsmittel innewohnt. Aber das ist, wie wir gesehen haben, gar kein wirklicher Wert, sondern nur ein *Wert* in Anführungsstrichen, sozusagen ein Reflex des Güterwerts, auf den das Geld einen Anspruch gewährt. Wir kommen also zu dem Ergebnis: Das Geld trägt keinen Wert in sich selbst, sondern gewährleistet nur den Anspruch auf einen bestimmten Güterwert. Und auch dieser Güterwert ist keine feststehende Größe, sondern schwankt mit der *Menge* des umlaufenden Geldes. Jedes Geldzeichen verleiht seinem Inhaber ein Anrecht auf einen Teil des jeweiligen Vorrats an Marktgütern. Existieren wenig Geldzeichen, so geht der Gütervorrat in wenig Teile, jeder einzelne Teil ist also wertvoll. Existieren viel Geldzeichen, so gewährt jedes von ihnen nur das Anrecht auf einen kleinen Teil des Vorrats, verkörpert also einen geringfügigen Wert. Wenn Dich jemand fragt, wie wertvoll das einzelne Stück eines Napfkuchens ist, so wirst Du sicherlich antworten: »Das kann ich nicht sagen, solange ich nicht weiß, in wieviel Portionen der Kuchen zerlegt wird.« Genauso verhält es sich mit der einzelnen Portion des Gesamtvorrats an Gütern, die sich in einem Geldzeichen verkörpert. Ihr Wert hängt ganz davon ab, auf wie viel Geldzeichen der Gesamtvorrat sich verteilt. Die Frage des *Geldwerts* – beachte freundlichst immer die Anführungsstriche – ist also im Grunde nur eine Frage nach der *Geldmenge*.

Und damit gute Nacht!
Dein alter Papa.

Berlin, 10. Januar 1921

FÜNFTER BRIEF

Das »Geld« und die »Geldzeichen«.
Die Wanderung des Geldes.
Das unsterbliche Geld.

Wir wollen uns nunmehr, lieber James, der Frage zuwenden, wie das Geld *entsteht.* Wohlgemerkt, das wirkliche, echte Geld, nicht das Scheingeld, das die Staaten heute im Großbetrieb herstellen. Die Entstehung des Scheingeldes ist ganz uninteressant. Es gehört dazu nur ein weites Gewissen und eine Notenpresse. Aber wie ich Dir schon in einem früheren Brief schrieb: Auf diese Weise kann niemals wirkliches Geld entstehen. Ein Papierzettel wird nicht dadurch zu Geld, dass der Staat ihn als solches bezeichnet und die Bevölkerung zwingt, ihn als Geld anzusehen. Wirkliches Geld entsteht infolge eines ganz bestimmten wirtschaftlichen Vorgangs und hat stets eine *Leistung* zur Voraussetzung. Es ist kein Geschöpf der staatlichen Rechtsordnung oder der staatlichen Willkür, sondern ein Produkt des Verkehrs. Und so belanglos es ist zu wissen, was eine Regierung sich dabei denkt, wenn sie ihre bunten Zettel druckt, so interessant ist es, die Entstehung des wirklichen Geldes zu verfolgen.

Du und ich, jeder einzelne Kulturmensch, wohnt täglich der Geburt von Geld bei. Trotzdem sieht es nur selten einer von uns körperlich entstehen. Das scheint rätselhaft und ist doch im Grunde ganz natürlich. Man muss sich nur den Hergang genau vergegenwärtigen.

Jeder Bäcker, der ein Brot verkauft, jeder Handwerker, der eine Arbeit ausführt, verschafft sich dadurch einen Güteranspruch. Machen sie diesen Anspruch sofort geltend, lässt sich also der Bäcker für sein Brot eine Tüte Zucker, der Handwerker für seine Arbeit ein paar Zigarren geben, so hinterlässt der Vorgang keine weiteren Folgen. Wir sprechen dann von einem *Tausch*. Schieben die beiden aber die Geltendmachung ihres Anspruchs auf, so werden sie dadurch Inhaber eines Bezugsrechts, das sie zu beliebiger Zeit und in beliebiger Weise ausüben können, und wir sprechen dann von *Geldverkehr*. Denn jenes Bezugsrecht ist ja nichts anderes als Geld. Trotzdem sehen wir nicht, dass bei dieser Gelegenheit körperliches Geld *entstanden* wäre. Vielmehr sehen wir, dass das Geld, das der Bäcker und der Handwerker empfangen und in dem sich das Bezugsrecht verkörpert, bereits *vorhanden* ist und nur die besitzende Hand wechselt. Wie kommt das? Sollte am Ende die Behauptung, dass bei jeder Leistung, die nicht sofort mit einer Gegenleistung abgegolten wird, Geld entsteht, falsch sein? Und wenn sie falsch ist, wann entsteht dann das Geld in Wirklichkeit? Denn irgendwann, das ist klar, muss jedes Geldzeichen, das sich im Verkehr befindet, entstanden sein.

Die Sache klärt sich auf höchst einfache Weise auf, lieber James, sobald wir korrekt sprechen und die Begriffe *Geld* und *Geldzeichen* auseinanderhalten. Die meisten Irrtümer und

Missverständnisse kommen ja daher, dass die Menschen mit einem bestimmten Wort verschiedene Begriffe verbinden, also gleichsam verschiedene Sprachen sprechen und so aneinander vorbeireden. Verstehen wir uns also recht: Der Güteranspruch, den ein Mensch besitzt, die Kaufkraft, die er infolgedessen ausübt, ist *Geld.* Ich habe es Dir ja häufig genug wiederholt, dass Geld nichts Materielles, sondern etwas Ideelles, nämlich ein *Recht* ist. Dieses Recht muss natürlich, um respektiert zu werden, äußerlich irgendwie kenntlich gemacht werden. Es kann z.B. in ein öffentliches Buch eingetragen und durch Umbuchung von einem Berechtigten auf den anderen überschrieben werden. In diesem Fall nimmt das ideelle Geld keine körperliche Gestalt, sondern nur die abstrakte Form einer Buchung an. Man spricht dann von *Giralgeld.* Meist zieht man es aber vor, Dokumente über das Recht anzufertigen und den Berechtigten auszuhändigen. Diese Dokumente sind dann *Geldzeichen* oder *Zahlungsmittel.* Der Sprachgebrauch hat sich leider daran gewöhnt, diese Dokumente ebenso zu nennen wie das in ihnen verbriefte Recht, nämlich *Geld.* Daraus entsteht eine fortgesetzte Konfusion der Begriffe, und Du selbst, mein Sohn, bist vielleicht eben einer solchen Konfusion zum Opfer gefallen. Denn solltest Du Dich wirklich darüber wundern, dass Du noch niemals Geld hast ins Leben treten sehen, obwohl doch stündlich rund um Dich herum Tausende von Güterbezugsrechten entstehen, so würdest Du ganz einfach *Geld* und *Geldzeichen* miteinander verwechseln. Sobald Du Dich korrekt ausdrückst, fällt der vermeintliche Widerspruch in sich zusammen. Denn dass täglich in unzähligen Fällen neue Bezugsrechte, *Geld* genannt, zur Entstehung kommen, braucht durchaus nicht zur Folge zu haben, dass über jedes dieser Bezugsrechte ein neues Dokument, *Geldzeichen* genannt, ausgefertigt wird. Es würde im Gegenteil sogar sehr sonderbar sein, wenn das der Fall wäre.

Warum? Nun, denke einmal ein wenig nach, mein Lieber. Du brauchst nur die Augen aufzumachen und Dir das tägliche Leben anzusehen. Was geht denn bei jedem Kauf und Verkauf vor sich? Wenn der Bäcker dem Arbeiter ein Brot verkauft, so entsteht für den Bäcker aufgrund dieser Leistung ein Rechtsanspruch auf Gegenleistung. Aber das ist keineswegs alles. Es geht dem ein anderer Vorgang parallel. Dem Bäcker, der das Brot verkauft, steht doch der Arbeiter gegenüber, der es kauft, nicht wahr? Auch für diesen hat der Akt eine wirtschaftliche Bedeutung. Und zwar setzt er sich durch den Kauf in den Besitz einer Gegenleistung, auf die er bei der letzten Lohnzahlung einen Anspruch erworben hat. Denn als der Arbeitgeber ihm damals 200 Mark für seine Arbeitsleistung auszahlte, da hat dies bedeutet, dass für den Arbeiter ein ganz bestimmter Rechtsanspruch auf Gegenleistung entstanden ist, der so lange gilt, bis der Arbeiter die Gegenleistung selbst in Gestalt von Stiefeln, Lebensmitteln usw. an sich bringt. In dem Moment, wo dies nun geschieht, der Arbeiter also ein Paar Stiefel kauft, hat der entsprechende Anspruch zu bestehen aufgehört. Und so bedeutet denn der Kauf des Brotes beim Bäcker nicht nur, dass für den Bäcker ein Anspruch neu entstanden ist, sondern zugleich auch, dass ein genauso großer Anspruch für den Arbeiter erloschen ist. Und wie in diesem Fall, so ist es bei allen übrigen Akten im Handelsverkehr. Der Vorgang, der für die eine

Partei einen *Verkauf* bedeutet und einen Güteranspruch neu *entstehen* lässt, stellt für die andere Partei einen Kauf dar und lässt einen Anspruch *erlöschen*. Das ist der Grund, lieber James, warum Du noch niemals Geld hast entstehen sehen: Werden und Vergehen, Geburt und Tod stehen sich hier gegenüber und heben sich gegenseitig auf. Es braucht auf der einen Seite kein neuer Anspruch dokumentiert, kein Geldzeichen frisch geschaffen, auf der anderen Seite aber auch kein bestehender Anspruch annulliert, kein Geldzeichen vernichtet zu werden. Denn der Zweck, den Anspruch des einen zu sichern und den des anderen zu löschen, lässt sich auf viel einfachere Weise erreichen, und zwar dadurch, dass der Käufer dem Verkäufer das Dokument über seinen bisherigen, im Moment des Kaufs erlöschenden Anspruch übergibt, d. h. ihm die entsprechenden Geldzeichen aushändigt.

So kommt es, dass die weitaus meisten Menschen Zahlungsmittel niemals *entstehen*, sondern immer nur von einem zum andern *wandern*, zirkulieren sehen. Es handelt sich hier um ein technisches Hilfsmittel des Verkehrs, der für die Güteransprüche der Bevölkerung eine Art *Clearing* eingeführt hat. Die Ansprüche werden nicht umständlich beglaubigt und ebenso umständlich annulliert, sondern einfach ausgetauscht, was ungleich bequemer ist.

Auf diese Weise geht der im Geld verkörperte Güteranspruch immer von der einen Person auf die andere über. Der Arbeitgeber übergibt ihn dem Arbeiter, dieser tritt ihn an den Bäcker ab, der Bäcker leitet ihn an den Müller weiter, der ihm Mehl liefert, der Müller an den Bauern als Gegenwert für dessen Korn, und so zirkuliert der Anspruch durch die ganze Verkehrskette hindurch. Wer etwas geleistet und dadurch ein Bezugsrecht erworben hat, empfängt den Anspruch, wer eine Leistung entgegengenommen und dadurch das entsprechende Bezugsrecht ausgeübt hat, verliert den Anspruch. Der Anspruch als solcher erlischt also nicht, sondern wechselt nur immer die besitzende Hand.

Diese Fortexistenz des Güteranspruchs und diese ewige Wanderung des Geldzeichens, in dem der Anspruch sich verkörpert, können sehr leicht missverstanden werden. Hüte Dich also davor, mein Sohn, in der Zirkulation des Geldes etwas anderes zu sehen als ein technisches Hilfsmittel des Verkehrs, der sich die Sache leicht machen will und daher ein und dasselbe Dokument immer wieder benutzt, statt fortgesetzt neue Dokumente auszustellen und wieder zu annullieren. Vergiss niemals den eigentlichen Sinn des Vorgangs: Wo immer ein Geldzeichen den Besitzer wechselt, ist ein Recht, ein Bezugsrecht auf Güter, erloschen und ein anderes entstanden. In einem Staat, der kein *Umlaufsgeld*, sondern nur *Buchgeld* kennt, wo also jeder Bürger statt der Münzen und Scheine ein Konto im Staatsbuch hat, wäre das deutlicher zu erkennen als bei uns. Dort würde auf dem Konto des Bäckers, der ein Brot verkauft, ein entsprechendes Bezugsrecht neu eingetragen, auf dem Konto des kaufenden Arbeiters dagegen ein früher eingetragenes Bezugsrecht gelöscht werden. Es wird behauptet, dass es im Altertum tatsächlich Staaten gegeben habe (z.B. Ägypten), bei denen dieses Geldsystem geherrscht hat. Ich selbst glaube allerdings, dass das nur für den Großverkehr denkbar ist; der mittlere und Kleinverkehr wird die Darstellung des Geldes durch körperliche Geldzeichen niemals entbehren können. Wir sind bei unserer bisherigen Untersuchung stets nur auf Geldzeichen gestoßen, die von Hand zu Hand wandern, nicht auf solche, die zum ersten Mal im Verkehr auftauchen. Infolgedessen wissen wir noch immer nicht, wie denn nun eigentlich die körperlichen Geldzeichen entstehen. Und ebenso geht es uns mit dem begrifflichen Gelde, dem ideellen Rechtsanspruch auf Gegenleistung. Wir wissen von diesem Rechtsanspruch nur, dass er sozusagen die zweite Hälfte aller Kaufakte und das provisorische Entgelt aller Leistungen bildet; wir kennen also bisher nur das *Was*, nicht das *Wie*.

Dagegen haben wir etwas anderes, sehr Wichtiges gelernt: Ein Güteranspruch, der einmal besteht, ist ein Ding, das normalerweise nicht wieder vergeht, sondern immer nur wandert, das sich stets von Neuem zwischen Leistung und Gegenleistung schiebt und gewissermaßen *unsterblich* ist. Genauso wenig wie der Geburtsstunde des Geldes hast Du jemals seiner Todesstunde beigewohnt. Es sei denn, dass einmal einer Deiner Freunde in der Weinlaune einen Geldschein als Fidibus benutzt und damit einen Güteranspruch in Rauch hat aufgehen lassen.

Und selbst dann ist das im Geld dargestellte Bezugsrecht nur für den einzelnen Inhaber, nicht aber für die Gesamtheit erloschen. Oder glaubst Du, dass auf der ganzen Welt irgendein Gut nur deshalb keinen Käufer findet und verdirbt, weil Dein Freund seinen Anspruch auf dieses oder ein anderes

Gut verbrannt hat? Nein, das in dem verbrannten Geldzeichen verkörperte Recht ist tatsächlich unsterblich. Wenn sein rechtmäßiger Inhaber auf die Ausübung verzichtet, so geht es automatisch auf die Inhaber der übrigen Bezugsrechte über. Denn jedes einzelne Bezugsrecht lautet nicht auf eine festbestimmte Größe, sondern auf den soundsovielten Teil aller Bezugsrechte, stellt also einen umso größeren Güteranspruch dar, je mehr die Zahl der existierenden Bezugsrechte sich verringert.

Daraus ergibt sich wiederum eine sehr interessante Feststellung: dass nämlich der Staat *kein Geld vernichten kann*, auch wenn er es will. Er kann natürlich die Zahl der umlaufenden Geldzeichen verringern, also etwa ein paar Millionen Banknoten einziehen und kassieren. Damit tut er aber nur genau dasselbe wie Dein Freund mit seinem Fidibus. Er nimmt einzelnen Personen ihre in den Geldscheinen verkörperten Bezugsrechte, aber diese Bezugsrechte verschwinden nicht etwa, sondern wachsen den Inhabern der übrigen Geldscheine zu. Auf jeden dieser Geldscheine entfällt jetzt ein höherer Anteil an der Gesamtheit der Güter. Man sagt dann gewöhnlich: »Das Geld ist wertvoller geworden«, und trifft damit das Richtige. Der Güteranspruch und die Kaufkraft, die durch das Geld gewährleistet werden, haben sich tatsächlich im Verhältnis zur zahlenmäßigen Verringerung der Geldscheine erhöht.

Wenn ich Dir also in einem früheren Briefe dargelegt habe, dass der Staat aus freier Entschließung heraus kein Geld, d. h. keine Güterbezugsrechte *schaffen*, sondern nur längst bestehende Bezugsrechte auf andere Personen übertragen, d. h. *enteignen* kann, so siehst Du hier das Gegenstück dazu: Der Staat kann existierendes Geld, umlaufende Güterbezugsrechte, nicht *vernichten*, sondern wiederum nur auf andere Personen übertragen, also die Besitzrechte *umschichten*. Der Unterschied ist lediglich, dass die Gesamtheit der Güter sich im ersten Fall auf eine vergrößerte, im zweiten Fall auf eine verkleinerte Anzahl von Dokumenten verteilt, was das eine Mal einen Nachteil, das andere Mal einen Vorteil für die einzelnen Geldinhaber bedeutet. Woraus Du im Übrigen nochmals deutlich ersiehst, dass der *Wert* des Geldes niemals ein absoluter ist, sondern stets in engster Beziehung zur *Menge* des Geldes steht und mit dieser schwankt.

Nachdem Du nunmehr gesehen hast, lieber James, dass das Geld in der Wirtschaft einem ruhelosen Ahasver gleicht, der nicht entsteht und nicht vergeht, sondern ewig wandert, bist Du sicherlich begierig zu erfahren, wie es sich denn tatsächlich mit der Genesis und dem Untergang des Geldes verhält. Denn einmal, das ist sicher, muss auch ein Ahasver geboren werden und sterben. Ich darf also annehmen, dass Du meinem nächsten Briefe, der schon morgen folgen soll, mit Spannung entgegensiehst.

In Liebe
Dein Papa.

Berlin, 11. Januar 1921

SECHSTER BRIEF

Die Geburt des Geldes.
Der Hebammendienst des Staates.
Geld und Gold.

Es hilft nichts, lieber James, wir müssen wieder ein wenig rekapitulieren. Also: Geld ist ein Bezugsrecht auf Güter. Dieses Bezugsrecht *entsteht*, wenn jemand etwas liefert oder leistet. Händigt beispielsweise ein Arbeiter dem Arbeitgeber sein Erzeugnis aus, so entsteht aus dieser Leistung ein Anrecht auf eine gleichwertige Gegenleistung, also ein Güter-Bezugsrecht, und dieses Bezugsrecht heißt *Geld*. Hat der Leistende oder Liefernde sein Anrecht auf Gegenleistung geltend gemacht, hat also unser Arbeiter für sein Geld ein Paar Stiefel, Nahrungsmittel, Zigarren usw. eingetauscht, so ist der wirtschaftliche Vorgang des Austauschs von Leistung und Gegenleistung beendet, und das Bezugsrecht, das den Austausch vermittelt hat, ist *erloschen*.

Eigentlich müsste somit viele Tausend Mal am Tag Geld entstehen und wieder vergehen. Denn jede der unzähligen Leistungen im täglichen Verkehrsleben lässt ein Bezugsrecht auf Güter, Geld genannt, neu ins Leben treten, und jede der ebenso unzähligen Gegenleistungen vernichtet dieses Bezugsrecht wieder. Der menschliche Verkehr ist aber viel zu praktisch, um ein so umständliches Verfahren anzuwenden. Das würde ein höllisch komplizierter Verkehr sein, bei dem jeder Verkauf eines Brötchens zur Herstellung von Geld und jeder Ankauf einer Rolle Garn zur Vernichtung von Geld führen würde. Vielmehr hilft sich der Verkehr in der Weise, dass er das Bezugsrecht, das im Geld dargestellt ist, gewissermaßen objektiviert, dass er es zu einem selbstständigen Instrument des Güteraustausches macht, welches ruhig fortbesteht, auch wenn das subjektive Bezugsrecht seines jeweiligen Inhabers erlischt. Dann ist es nicht nötig, Geld neu zu schaffen, sobald der Arbeiter seinen Wochenlohn erhält, und es wieder zu vernichten, sobald er Stiefel und Lebensmittel dafür kauft. Der beabsichtigte Zweck lässt sich viel bequemer erreichen, indem man das nunmehr zu einem selbstständigen Verkehrsinstrument gewordene Geld immer aus der Hand desjenigen, dessen Anspruch erlischt, in die Hand seines Gegenparts überträgt, der einen entsprechenden Anspruch erworben hat. Jeder Verkäufer erhält also vom Käufer kein neu geschaffenes Geld, sondern Geld, das längst fix und fertig ist und einen Güteranspruch verkörpert, der ebenfalls seit Langem existiert. Mit anderen Worten: Man lässt das Geld *wandern*. Es entsteht nicht und vergeht nicht, sondern zirkuliert.

Das ist die Regel. Diese Regel muss aber ihre Ausnahmen haben, denn schließlich hat alles Irdische einen Anfang und ein Ende. *Einmal* muss jedes konkrete Geldzeichen, ebenso wie das in ihm verkörperte abstrakte Bezugsrecht, notwendig entstanden sein. Aber welches sind die Umstände, unter denen es entsteht?

Wir müssen uns hier sorgfältig davor hüten, die augenblicklich in Deutschland und anderen Staaten herrschende Geldpraxis etwa als Norm anzusehen. Die *mechanische* Gelderzeugung in diesen Ländern hat mit der Entstehung des wirklichen, echten Geldes, die stets eine *organische* ist, nicht im Entferntesten etwas zu tun. Das Geld, das unsere Notenpressen ausspeien, ist nachgeahmtes Geld; etwa wie die Aktien, die ein unredlicher Gesellschaftsdirektor drucken lässt und denen keine entsprechende Zunahme des Gesellschaftsvermögens gegenübersteht, nachgeahmte Aktien sind. Beiden, dem Geld sowohl wie den Aktien, fehlt die wirtschaftliche Entstehungsursache, die allein sie zu echten Dokumenten stempelt. Dass der Verkehr die Unrechtmäßigkeit der Ausgabe weder in dem einen noch in dem anderen Fall merkt, sondern das Geld genau wie die Aktien unbesehen als *vollwertig* annimmt, ändert nichts an der Tatsache, dass es sich hier wie dort um Falsifikate handelt.

Geld, d.h. ein wirtschaftlich berechtigter Güteranspruch, entsteht immer dann und nur dann, wenn jemand etwas geleistet, die Gegenleistung aber noch nicht in Empfang genommen hat. Es ist identisch mit dem Rechtsanspruch auf die ausstehende Gegenleistung. Das Bestehen eines solchen Rechtsanspruchs muss freilich von irgendjemandem konstatiert, formell beglaubigt werden, und normalerweise ist niemand besser befähigt, die Beglaubigung vorzunehmen, als die mit dieser besonderen Aufgabe betraute Behörde eines Rechtsstaates. Aber das ist auch die einzige Hilfe, die der Staat bei der Entstehung des Geldes leisten kann und darf. Seine Fähigkeit und seine Befugnis gehen lediglich dahin, einen ohne sein Zutun im Verkehr neu entstandenen Anspruch zu *beglaubigen* und ihm die äußere Form vorzuschreiben, in die er sich kleiden soll (Metall-, Papier- oder Buchgeld, kleine oder große Abschnitte usw.). Einen Güteranspruch zu *schaffen,* ist er weder befugt noch imstande. Die Regierung ist, um es drastisch auszudrücken, immer nur die Hebamme, die den neuen Weltbürger in Empfang nimmt und für das Leben vorbereitet, niemals die Mutter, die ihn zur Welt bringt.

Am besten erkennen wir die Umstände, unter denen das wirkliche, *verkehrgeborene* Geld entsteht, an Hand eines konkreten Vorgangs aus dem täglichen Leben.

Der Arbeiter, der eine Lohnforderung hat und von seinem Arbeitgeber das entsprechende Bezugsrecht auf Güter in der gewohnten Form von Geld verlangt, wird in der Regel mit *wanderndem Gelde* befriedigt. Der Arbeitgeber händigt ihm Zahlungsmittel aus, die er selbst erhalten hat, als er sein Fabrikat (z. B. Äxte) an einen Händler verkaufte; dieser hat sich das Geld seinerseits durch Veräußerung eines Lagervorrats (z. B. von Holz) verschafft, und zwar von einem Handwerker, dem es als Bezahlung für eine abgelieferte Arbeit (etwa einen Tisch) zugeflossen ist. Aber auch der Vorgänger des Handwerkers war nur ein Glied in einer langen Kette von Personen, unter denen das Geld zirkulierte, bis es eines Tages in seine Hände kam. Jede einzelne von diesen Personen hat das Geld empfangen, als sie etwas leistete, und hat es wieder fortgegeben, um die Gegenleistung in Gestalt irgendwelcher Güter dafür einzutauschen. Oder anders ausgedrückt, sie hat es empfangen, als sie produzierte, und es fortgegeben, als sie konsumierte. Man kann den Weg, den das Geld genommen hat, durch zahllose Stadien der Erzeugung und des Verbrauchs zurückverfolgen, aber schließlich wird der Weg sich irgendwo im Nebel verlieren. Man wird nur höchst selten jenen Punkt finden, an dem das Geld seine Wanderung begonnen hat, die Stätte, an der es geboren wurde.

Neben diesem normalen Hergang gibt es aber auch eine andere Möglichkeit. Der Arbeitgeber, der dem Arbeiter und zehntausend seiner Kollegen je 200 Mark schuldet, ist nicht imstande, den Leuten das Geld zu geben. Er besitzt zwar *Kapital*, nämlich Fabrikräume, Maschinen, Vorräte und dergleichen, aber kein Bezugsrecht auf Güter, kein *Geld*. Er hat in der letzten Zeit nichts verkauft, d.h. nichts geleistet, und besitzt daher zurzeit auch keinen Anspruch auf Gegenleistung, den er den Arbeitern abtreten könnte.

In diesem Fall bleibt dem Arbeitgeber nur die Wahl, unter dem Zwange der Zahlungspflicht nunmehr doch noch etwas zu leisten, also unter ungünstigen Bedingungen Vorräte zu verkaufen, oder Kredit in Anspruch zu nehmen, (d.h. fremde Güterbezugsrechte leihweise an sich zu bringen) oder endlich das Geld, das er nicht besitzt, zu erzeugen. Die Vorbedingungen für die Entstehung von Geld scheinen ja gegeben. Die Arbeiter haben sich durch ihre Leistung einen Anspruch auf Gegenleistung, also ein Güterbezugsrecht, geschaffen, und Geld ist, wie wir gesehen haben, nichts anderes als ein garantierter Anspruch, ein beglaubigtes Güterbezugsrecht. Damit aus dem Rechtsanspruch der Arbeiter

Geld wird, ist also nichts weiter nötig, als dass der Anspruch amtlicherseits als rechtmäßig anerkannt und gewährleistet wird.

Der Arbeitgeber begibt sich also zu der Stelle, die der Staat zu diesem Zweck eingerichtet hat, und ersucht dieselbe, ihm über die Gültigkeit des Anspruchs seiner Arbeiter Dokumente anzufertigen, die dann Geld darstellen würden und zur Bezahlung verwendet werden könnten. Die Stelle aber erhebt Einwendungen. Sie erklärt dem Antragsteller, dass sie den Anspruch der Arbeiter nicht ohne Weiteres anerkennen könne. Auf eine einfache Erklärung zweier Parteien hin könne sie kein Güterbezugsrecht bescheinigen. Nicht etwa aus Misstrauen, obwohl sie, wenn sie sich grundsätzlich mit solcher Erklärung zufrieden geben wollte, sofort mit unzähligen Anträgen überlaufen werden würde und Berge neuen Geldes schaffen müsste. Sondern deshalb, weil sie nichts *Unmögliches* bescheinigen könne. Wie soll sie wohl imstande sein, Bezugsrechte auf Güter als rechtmäßig anzuerkennen und durch den Staatsstempel zu legitimieren, solange ihr nicht der Nachweis erbracht sei, dass die Güter, auf die der Anspruch lauten soll, auch tatsächlich vorhanden sind? Wenn sie Güteransprüche beglaubigen solle, so müsse sie die unbedingte Gewähr haben, dass die Ansprüche auch befriedigt werden könnten.

Darauf entgegnet der Fabrikant, die Güter sind vorhanden, denn die Arbeiter hätten sie soeben erst hergestellt; der Anspruch, der ihnen zu bescheinigen sei, bilde ja gerade die Gegenleistung dafür. Die Arbeiter hätten für mehr als zwei

Millionen Mark Güter geschaffen und verlangten nun mit Recht die Beglaubigung ihres wohlverdienten Bezugsrechts auf andere Güter im Wert von zwei Millionen Mark.

Aber die Staatsstelle schließt sich diesem Gedankengang nicht an. Sie meint, die Frage, ob durch die Leistung der Arbeiter wirklich Güter im Wert von zwei Millionen Mark geschaffen wurden, entscheide sich erst im Moment des Verkaufs. Es könne sich dann herausstellen, dass die Güter nur den halben Wert oder überhaupt keinen Wert hätten und unverkäuflich seien. Es wären zurzeit – um irgendeine Ziffer zu nennen – 100 Millionen Mark Geldzeichen im Umlauf. Die Inhaber dieser Geldzeichen, die stündlich wechselten, hätten einen beglaubigten Anspruch auf sämtliche gegenwärtig am Markt befindlichen Güter. Es existiere kein Mittel, in den Besitz eines dieser Güter auf andere Weise zu gelangen – abgesehen von Diebstahl –, als durch die Hingabe eines Teils der vorhandenen 100 Millionen Mark Geldzeichen, deren Inhaber tatsächlich die allein berechtigten Bezieher jener Marktgüter seien. Wollte nun die Staatsstelle die geforderten zwei Millionen neue Ansprüche beglaubigen, so würden statt 100 Millionen Mark Geldzeichen dann 102 Millionen in Umlauf sein und Ansprüche auf jene Marktgüter erheben, die doch nur für 100 Millionen bestimmt seien.

Davon könne nicht einmal dann die Rede sein, wenn die von den Arbeitern neu hergestellten Fabrikate wirklich und nachweislich einen Wert von zwei Millionen Mark hätten. Allerdings würde in diesem Fall nicht nur auf der Geldseite, sondern auch auf der Warenseite ein Zuwachs um zwei Millionen eintreten. Aber das Exempel gehe dann trotzdem nicht auf. Die Sache verhalte sich vielmehr folgendermaßen:

Gegenwärtig steht der gesamten Gütermenge, die innerhalb eines bestimmten Zeitraums auf den Markt kommt und deren Wert wir einmal auf zehn Milliarden Mark beziffern wollen, ein Gesamtbestand von Geldzeichen, d.h. von Güteransprüchen, in Höhe von 100 Millionen Mark gegenüber. Diese 100 Millionen wechseln in demselben Zeitraum durchschnittlich 100 Mal ihren Inhaber. Ist der Zeitraum abgelaufen und der Kreislauf des Geldes beendet, so haben die 100 Millionen Mark Geldzeichen 100 mal 100 Millionen Mark oder zehn Milliarden Mark Güter konsumiert. Die Rechnung geht also bis hierhin glatt auf. Treten nun aber auf der Geldseite und auf der Güterseite je zwei Millionen hinzu, so lautet die Rechnung:

10 Milliarden + 2 Millionen Güter =
100 Millionen + 2 Millionen Geldzeichen.

Es entfallen also nunmehr 10.002 Millionen Mark Güter auf 102 Millionen Mark Geld, mithin auf jede Geldeinheit nicht mehr 100, sondern nur noch etwa 98 Gütereinheiten. Mit anderen Worten: Das alte Geld hat infolge der Beglaubigung der zwei Millionen Mark Arbeiter-Bezugsrechte, d.h. infolge der Schaffung von zwei Millionen Mark neuen Geldes, eine Verminderung seiner Kaufkraft erfahren.

Das kommt daher, belehrt die Staatsstelle den Fabrikanten, dass die zwei Millionen Mark neu entstandenen Güter nur *einmal* auf dem Markt erscheinen, hier einen einzigen Güteranspruch befriedigen und dann endgültig verschwinden, in dem Konsum aufgehen. Die zwei Millionen neuen Güteransprüche dagegen, die wir beglaubigen und als vollwertiges Geld anerkennen sollen, leben gewissermaßen *ewig*. Sie vermitteln einen Kauf nach dem anderen, treten immer von Neuem mit ihrer Kaufkraft an den Markt und verrichten somit ihre Funktion nicht nur hundertmal, wie in dem eben angeführten Exempel, sondern tausendmal, hunderttausendmal, unzählige Mal. Durch die Anerkennung der zwei Millionen Mark neuen Geldzeichen würden wir also bewirken, dass nach und nach viele Milliarden neue Güteransprüche geltend gemacht werden können, während die Güter, aufgrund deren wir die Ansprüche beglaubigen sollen, wie gesagt nur zur Deckung eines einmaligen Anspruchs von zwei Millionen Mark ausreichen.

Deshalb können wir, sagt die Staatsstelle, den Güteranspruch nur unter zwei Bedingungen beglaubigen. Erstens muss uns nachgewiesen werden, dass die Leistungen, aufgrund deren wir Anweisungen auf Gegenleistungen ausstellen, d.h. neue Bezugsrechte, neue Geldzeichen, schaffen sollen, tatsächlich Güter erzeugt haben, die zwei Millionen Mark wert sind und zwei Millionen Mark wert *bleiben*. Zweitens müssen diese wertbeständigen Güter uns in natura übergeben werden. Denn wenn wir von der Bevölkerung verlangen sollen, dass sie die neuen Bezugsrechte anerkenne und wertvolle Erzeugnisse dafür hingebe, so müssen wir ihr die Gewissheit verschaffen, dass sie das Bezugsrecht jederzeit gegen ein vollwertiges Gut austauschen kann. Wir müssen ihr garantieren, dass sie für 100 Geldeinheiten stets volle 100 Gütereinheiten und nicht, wie in unserem Beispiel, nur noch 98 Gütereinheiten oder gar, wie es jetzt in Deutschland der Fall ist, armselige sechs oder acht Gütereinheiten eintauscht. Deshalb sind die Güter, die den neuen zwei Millionen Mark Geldzeichen entsprechen, uns zu übergeben. Wir werden dann entweder diese Güter selbst mit unserem Stempel versehen und dadurch zu Geldzeichen machen; in diesem Fall haben wir die Gewähr, dass die Güter genauso oft auf dem Markt erscheinen wie die Geldzeichen, also hundertmal, tausendmal, unzählige Male die Nachfrage befriedigen, und nicht nur ein einziges Mal; und jeder Geldinhaber weiß dann, dass er keinen Verlust erleiden kann, weil er ja den Wert, auf den das Geld lautet, in Form eines gleichwertigen Guts in Händen hat. Oder aber wir werden die Güter, um ihre Abnutzung zu verhindern, in Gewahrsam nehmen und für den Verkehr durch papierne Zeichen ersetzen. Diese laufen dann gewissermaßen in Stellvertretung der Güter um, die aber Eigentum der Inhaber jener papiernen Geldzeichen bleiben und jederzeit von ihnen abgehoben werden können. Zurzeit gilt übrigens – sagt die Staatsstelle – nur ein einziges Gut als geeignet, den Nachweis einer vollwertigen Leistung zu erbringen und die Beglaubigung eines neuen Anspruchs auf Gegenleistung zu rechtfertigen, nämlich *Gold*. Und zwar aus dem rein äußerlichen Grund, weil der maßgebende Teil des Auslands nur für dieses Metall einen festen Mindestpreis zahlt und dadurch seinen Wert garantiert.

Der Fabrikant zuckt die Achseln und geht. Denn Gold hat er nicht. Er muss also, um seine Arbeiter zu befriedigen, notgedrungen Lagerware mit Verlust verkaufen, d.h. sich alte, umlaufende Geldzeichen beschaffen und auf neues Geld verzichten. Der wirtschaftliche Sinn dieses Vorgangs ist, dass nur derjenige einen Anspruch auf eine Gegenleistung (in diesem Falle das Arbeitspensum von 10.000 Arbeitern) hat, der entweder selbst bereits etwas geleistet hat und daher Geld, d.h. einen Rechtsanspruch auf die entsprechende Gegenleistung, besitzt oder dem ein Dritter seinen Rechtsanspruch im Wege des Kredits abtritt. Es ist ein wirtschaftlicher Unsinn, vom Staat zu verlangen, dass er die Rechtsansprüche, die sich der einzelne Geschäftsmann nicht durch Leistungen zu verschaffen versteht, also Ansprüche, die er in Wirklichkeit gar nicht hat, beglaubigen, und dem Mann, etwa gegen Wechsel, neues Geld aushändigen solle. *Rechtsansprüche*, die auf solche Weise geschaffen werden, sind in Wahrheit unrechtmäßige Ansprüche, und das Geld, das sie repräsentiert, ist Falschgeld. Es ist die *Leistung*, die Geld erzeugt, nicht der Staat. Der *Staat* hat keine andere Aufgabe, als die Entstehung des Geldes aus der Leistung durch sein Siegel zu beglaubigen.

Ist es verwunderlich, lieber James, dass diese natürliche, unstaatliche Geldtheorie, die im Geld ein durch Leistungen erworbenes *Recht* erblickt, noch niemals nach dem Sinn der Kaufleute gewesen ist? Der Kaufmann glaubt stets einen gottgewollten Anspruch auf noch mehr Geld, auf noch mehr Güterbezugsrechte zu haben, als er sich durch seine Leistungen erkauft hat. Er glaubt, es gebe *zu wenig* Geld im

Land – obwohl es überall so viel Geld, d.h. so viel Rechtsansprüche auf Güter gibt, wie man sich zu erwerben verstanden hat –, und fordert daher den Staat auf, ihm gegen das Versprechen einer späteren Rückzahlung *neues* Geld, *neue* Bezugsrechte zu übergeben. Dass der Staat das gar nicht kann, weiß er nicht, und weiß leider auch sehr oft der Staat selbst nicht. Beide, Kaufmann und Staat, glauben vielmehr, dass neue Rechte, neue Bezugsrechte auf Güter entstanden sind, sobald der Staat oder seine Bank frische, dem bisherigen Geld ähnelnde Scheine drucken lässt. In Wirklichkeit hat man aber keine neuen Rechte geschaffen, sondern aus den Rechtsansprüchen, die im alten, umlaufenden Geld verkörpert sind, Teile herausgebrochen und diese Teile den Empfängern des neuen Geldes verliehen. Man hat die Inhaber des echten Geldes um genau so viel enteignet, wie man den Inhabern des Pseudogeldes zugewendet hat. Es ist hier von keinem *Recht* mehr die Rede, sondern nur noch von krassem Unrecht. *Wirkliches* Geld, das die bestehenden Rechtsansprüche respektiert und einen tatsächlichen Zuwachs von Kaufkraft darstellt, kann immer nur so entstehen, wie es die apokryphe Staatsstelle in dem vorgenannten Zwiegespräch mit dem Arbeitgeber gesagt hat: Es muss im Verkehrsleben eine Leistung erfolgt sein, aus der heraus ein Gut entstanden ist, das in sich selbst die Gewähr der größtmöglichen Wertbeständigkeit trägt. Nur derjenige Güteranspruch, der sich auf dieses besondere Gut zurückbezieht, ist echtes, vollwertiges, rechtmäßig entstandenes Geld.

In Liebe
Dein alter Papa.

Berlin, 15. Januar 1921

SIEBTER BRIEF

Die vielen Güter und das wenige Geld. Nutzlauf, Leerlauf und Preis. Produktionsstärke und Geldmenge.

Das Geld ist gleichbedeutend mit dem verbrieften Anrecht, das sein Besitzer auf einen bestimmten Teil aller Marktgüter hat. Es ist gewissermaßen der Schlüssel, nach dem sich die gesamten Marktgüter unter die Menschen verteilen. Viel Geld bedeutet den Anspruch auf einen großen Bruchteil der Güter, wenig Geld bedeutet den Anspruch auf einen kleinen Teil.

Das ist so klar, mein lieber James, dass ein Kind es begreift. Weniger klar ist dagegen die Mechanik des Verteilungsvorgangs. So befremdet es uns z.B., dass wir auf der einen Seite einen ungeheuren Gütervorrat, auf der anderen Seite aber nur einen verhältnismäßig kleinen Geldvorrat sehen. Es befremdet uns umso mehr, als dass der ungeheure Gütervorrat sich täglich neu ergänzt, da ja immer wieder frische Gütermengen auf den Markt strömen, der weit kleinere Geldvorrat jedoch unter normalen Verhältnissen immer ungefähr derselbe bleibt. Wie geht da die Verteilung vor sich? Wie bewältigt der kleine Geldvorrat die großen Gütermengen, und welcher Mechanismus sorgt dafür, dass jeder Einzelne zu seinem Recht kommt, nämlich zu seinem in den Geldzeichen verkörperten Anrecht auf Güter?

Genau betrachtet, scheint auch dies ganz klar zu sein. Denn wenn auch die Geldzeichen nur verhältnismäßig gering an Zahl sind, so vervielfältigen sie sich doch durch ihre große Beweglichkeit. Eben noch sah man, wie sie an einer bestimmten Stelle des Verkehrs Güterumsätze bewältigen, und schon erblickt man sie an einer anderen Stelle, wo sie wiederum im Begriff sind, Umsätze zu vermitteln. Dieselben Geldzeichen tauchen bald hier, bald dort auf, und wo sie auch sein mögen, immer verteilen sie neue Gütermengen. Je schneller sie die besitzende Hand wechseln, je beweglicher sie sind, umso leistungsfähiger sind sie; genau wie eine kleine, aber schlagfertige Truppe mehr leistet als ein großes, aber schwerfälliges Heer. Für die Wirksamkeit der Geldzeichen ist also nicht so sehr ihre Anzahl ausschlaggebend als vielmehr die Häufigkeit ihres Platzwechsels, ihre sogenannte *Umlaufgeschwindigkeit*.

Aber was besagt das im Grunde? Eröffnet es uns irgendeinen Einblick in den Sinn der Wirtschaftsvorgänge, wenn wir wissen, dass der Umsatz von Marktgütern so groß ist wie die Geldmenge multipliziert mit ihrer Umlaufgeschwindigkeit? Können wir aus dieser Tatsache irgendeine zuverlässige Folgerung ziehen? Können wir beispielsweise folgern, dass jeder Zunahme der Umlaufgeschwindigkeit ohne Weiteres eine entsprechende Zunahme des Güteraustauschs und der Produktion entspricht? Wenn das der Fall wäre, so besäßen wir ein prächtiges und höchst einfaches

Mittel, die Umsätze zu erhöhen und die Wirtschaft zu beleben: Wir brauchen nur das Geld recht schnell rollen zu lassen, also die Lohnzahlungen an die Arbeiter täglich statt wöchentlich und die Begleichung der Miets- und Kapitalzinsen vierzehntägig statt vierteljährlich stattfinden zu lassen. Das Ei des Kolumbus!

Aber auf so einfache Weise lassen sich Handel und Wandel leider nicht beleben. Es gibt zwar naive Leute, die wirklich der Ansicht sind, man könne den *Geldmangel*, den sie wahrzunehmen glauben, dadurch beseitigen, dass man die Geldzeichen ihre Arbeit schneller verrichten lasse, und es ist aus diesem Grund schon häufig vorgeschlagen worden, die Lohn-, Miets- und Zinszahlungen in kürzeren Perioden stattfinden zu lassen. In Wirklichkeit würde aber niemand einen Vorteil von einer solchen Maßnahme haben. Weder der Arbeiter noch der Arbeitgeber, weder der Mieter noch der Hauswirt, weder der Gläubiger noch der Schuldner würden dadurch auch nur um einen Pfennig bereichert werden. Wenn überhaupt eine finanzielle Wirkung einträte, so könnte es nur eine ungünstige sein: Die Lohn-, Miets- und Zinsbeträge würden so sehr zusammenschrumpfen, dass es sich nicht mehr lohnen würde, sie vor oder nach der Empfangnahme zur Bank zu geben, d.h. sie produktiv wirken zu lassen. Die Beträge würden sich vielmehr untätig in den Geldschränken und Portemonnaies verzetteln.

Dass es auf die bloße Umlaufgeschwindigkeit des Geldes nicht ankommt, erkennt man übrigens am besten, wenn man sich den Geldverkehr am sogenannten Kapitalmarkt und an der Börse vergegenwärtigt. Nirgends läuft das Geld schneller um als hier. In spekulativ erregten Zeiten kann eine Aktie an einem Tage zehnmal und mehr den Besitzer wechseln, was entsprechende Zahlungen auslöst. Aber hat dieser schnelle Geldumschlag den geringsten wirtschaftlichen Effekt? Nein. Damit ist nicht etwa gesagt, dass Geldmarkt und Börse nutzlose Einrichtungen seien. Aber der Nutzen, den sie etwa stiften, hat nichts mit der Umlaufgeschwindigkeit des Geldes zu tun.

Es kommt also, wie Du siehst, mein Sohn, nicht darauf an, wie oft und wie schnell das Geld umläuft, sondern darauf, ob es *im Nutzlauf* oder *im Leerlauf* zirkuliert. Bringt der Bauer Getreide zum Markt oder liefert der Handwerker seine Arbeit ab, so ist die Geldbewegung, die dieser Vorgang auslöst, *Nutzlauf*. Verkauft aber ein Spekulant Aktien oder vermittelt ein Häusermakler den Besitzwechsel einer Villa, so handelt es sich um einen *Leerlauf* des Geldes. In einer gesunden Wirtschaft braucht das Geld gar nicht übermäßig schnell zu zirkulieren, wenn es nur bei einer möglichst großen Zahl der Umsätze wirtschaftliche Leistungen vermittelt.

Ob das geschieht oder nicht, hängt aber niemals vom *Geld* ab. Weder die Menge noch die Rotation des Geldes entscheidet darüber, ob die Zahlungsakte, die es vermittelt, nützlich oder schädlich oder neutral sind. Das Geld ist zwar ein verbrieftes *Recht*, ein Recht zum Bezug von Gütern, es entsteht dadurch, dass jemand etwas geleistet und sich so den Anspruch auf eine Gegenleistung erworben hat. Wenn das Recht aber erst einmal besteht, kann es durch zahllose

Hände gehen, ohne dass notwendig eine Leistung, eine Bereicherung der Wirtschaft, damit verbunden ist. Der Vater kann es seinem Sohn, der Sohn kann es seinem Freund, dieser kann es irgendeiner Dame abtreten. Das sind dann drei Umlaufakte ohne jeden wirtschaftlichen Nutzeffekt.

Es muss also unbedingt ein Element außerhalb des Geldes geben, das dessen Zirkulation regelt und dafür sorgt, dass die im Geld dargestellten Güterbezugsrechte möglichst häufig in Erfüllung eines produktiven Zwecks den Inhaber wechseln. Und in der Tat existiert ein solcher Regulator. Er erfüllt die ganze Wirtschaft mit seiner Wirksamkeit, und es vergeht kein Tag, an dem nicht jeder von uns ihm mehrere Male begegnet. Dieser Regulator ist der *Preis*.

Auf welche Weise der Preis seine regelnde Funktion versieht, ist sehr leicht zu erkennen. Man braucht sich nur die Frage vorzulegen: Wann kauft der Kapitalist Aktien? Wann kauft er eine Villa? Mit anderen Worten: Wann verwendet der Inhaber eines Güterbezugsrechts dasselbe unproduktiv, indem er längst bestehende Werte an sich bringt, statt es produktiv zu verwenden, d.h. die betreffenden Werte neu herstellen zu lassen und die Wirtschaft dadurch zu bereichern? Die Antwort lautet dann: Er wird Anteile an einem bestehenden Unternehmen (Aktien) erwerben, wenn diese am Ertrag gemessen billiger sind als die Anteile einer erst zu errichtenden Unternehmung, und er wird eine fertige Villa kaufen, wenn diese ihn billiger zu stehen kommt als eine neu zu erbauende. Natürlich sprechen da etwaigen Annehmlichkeiten des sofortigen Besitzes alter Objekte bei der Abwägung des Preises ebenso mit wie auf der anderen Seite die Vorteile (Modernität, längere Lebensdauer) neuer Objekte. Stellt sich unter Berücksichtigung dieser Momente der Preis der Beteiligung an einem neuen Unternehmen oder der Preis einer neu zu erbauenden Villa niedriger, als sich der Preis der alten Objekte stellt, so wird der Kapitalist geneigt sein, zu bauen oder bauen zu lassen, also sein Geld *produktiv* zu verwenden.

Die meisten Menschen sind nun bekanntlich nicht gesättigte Kapitalisten, sondern Leute, die gezwungen sind, *sich ihr Geld zu verdienen*, d. h. Leute, die sich den Anspruch auf die Güter, die sie zum Leben brauchen, durch Leistungen erkaufen müssen. Die Umwelt hat aber für ihre Leistungen, wie wir gesehen haben, nur dann Verwendung, wenn sie zu einem Preis angeboten werden, der – unter Berücksichtigung aller hierbei mitsprechenden Momente – billiger ist als der Preis der alten, *versteinerten* Leistungen, die in Gestalt von beweglichen und unbeweglichen Vorräten zum Angebot kommen. Neue und alte Produktion liegen also in ständiger Konkurrenz miteinander. Ich erinnere an ein bekanntes Beispiel: Wie ängstlich studiert der amerikanische Baumwoll-Farmer alljährlich die statistischen Berichte über die Weltvorräte an Baumwolle! Warum? Weil er genau weiß, dass der Preis, den man ihm bieten wird, ganz vom Preis und der Menge der Baumwolle *vorjähriger* Ernte abhängt. In derselben Lage sind mehr oder weniger *alle* Produzenten. Sie müssen ihren Preis, d.h. ihren Anspruch auf Gegenleistung, unter einer ganz bestimmten Höhe halten. Tun sie das nicht, so zirkulieren große Mengen Geld im *Leerlauf* statt im *Nutzlauf* und die Produktivität im Land schrumpft.

Der Preis zieht also Geld an den Markt der neu produzierten Güter, wenn er niedrig ist, und er stößt Geld von dem Markt ab, wenn er hoch ist. Im ersten Fall erhöht, im zweiten ermäßigt er die wirkliche, wirksame Umlaufgeschwindigkeit des Geldes. Die Produzenten müssen also *billig* erzeugen, sie müssen für jeden Anspruch, der aus einer Leistung entstanden ist und ihnen in Gestalt von Geld überlassen wird, eine große Gegenleistung hergeben. Das heißt nichts anderes als: Sie müssen *viel erzeugen*, wenn sie die wirksame Umlaufgeschwindigkeit des Geldes erhöhen wollen. Was ergibt sich hieraus? Es ergibt sich, *dass nicht die Umlaufgeschwindigkeit des Geldes über die Produktion, sondern umgekehrt die Produktion über die Umlaufgeschwindigkeit des Geldes entscheidet.*

Ja, es ergibt sich daraus noch mehr, und zwar eine sehr interessante Tatsache. Da der Produzent in dem Maß, wie er seine Erzeugung verstärkt, in immer schnellerem Tempo Geld an sich heranzieht, so wird er selbst immer konsumkräftiger. Jedes Mal, wenn das Geld in beschleunigtem Kreislauf seine Kasse passiert, gelangt er damit in den Besitz neuer Güterbezugsrechte, die er geltend machen kann. Hat er zunächst durch seine Preisstellung die fremde Nachfrage verstärkt und ihr sein Angebot entgegengesetzt, so verstärkt er jetzt seinerseits die Nachfrage, indem er das durch seine Leistung erworbene Recht auf Gegenleistung ausübt, also das eingenommene Geld wieder ausgibt. Er erhöht auf diese Weise nicht nur seine eigene, sondern die *allgemeine* Produktion.

Die Leistungen werden immer größer und folgen sich immer schneller, und sie erzeugen Ansprüche auf Gegenleistungen, die gleichfalls immer größer und häufiger werden. Da aber ein Anspruch auf Gegenleistung nichts anderes ist als *Geld*, so folgt daraus, dass jede Zunahme der Produktion das zu ihrer Bewältigung erforderliche Geld *selbst beschafft*. Sie beschafft es auch dann, wenn keine äußerlich wahrnehmbare Vermehrung der Geldzeichen eintritt, und zwar dadurch, dass sie die vorhandenen Geldzeichen immer schneller anzieht und abstößt, d.h. ihre Umlaufgeschwindigkeit erhöht.

Auf diese Weise erzeugt die Wirtschaft selbst, ohne Zutun von außen, ohne jede Einwirkung des Staates, neues Geld, sobald sie dessen bedarf, und in genau derjenigen Menge, in der sie seiner bedarf. Wer also sagt, es könne jemals *zu viel* oder *zu wenig* Geld zur Bewältigung des Güterverkehrs geben, der hat weder das Wesen des Geldes noch das Wesen des Güterumlaufs erkannt. Geldzirkulation und Güterzirkulation sind ganz einfach identisch, wenn man auch aus Gründen der Bequemlichkeit, vor allem wegen des leichteren Eigentumsnachweises, die abstrakten *Rechte* an den zirkulierenden Gütern zu einem selbstständigen, konkreten Wirtschaftsfaktor, nämlich zu *Geld* gemacht hat. Um ein Bild zu gebrauchen: Produktion und Konsum sind der auf- und abgleitende Kolben der Wirtschaftsmaschine, und das Geld ist das Schwungrad, das vom Kolben bald in langsame, bald in schnelle Bewegung gesetzt wird. Diese Bewegung, Umlaufgeschwindigkeit genannt, wird durch die Schnelligkeit der Kolbenbewegung reguliert. Der Kolben, nicht das Rad, treibt die Maschine. Das Rad ist nur ein technischer Behelf.

Es ist vorteilhafter, aber nicht unbedingt nötig. Man kann die Anrechte auf Güter auch ohne das Hilfsmittel des Geldes unter der Bevölkerung aufteilen; das wäre dann *Tausch*wirtschaft statt *Geld*wirtschaft. Aber die Tauschwirtschaft ist so schwerfällig und bedarf, da die auszutauschenden Güter fast niemals gleichwertig sind, so sehr der Ergänzung durch den im Kleinverkehr herzlich unbeliebten Kredit (vergl. meinen Brief vom 2. Januar), dass es eine ausschließliche Tauschwirtschaft nirgends gibt und meiner Ansicht nach auch niemals gegeben hat.

Kapiert?
Dein alter Papa.

Berlin, 17. Januar 1921

ACHTER BRIEF

ARBEITENDES UND RUHENDES GELD.
DIE ZINSPRÄMIE.
PRODUKTION UND KONSUM.

Wenn jemand etwas leistet und dadurch einen Anspruch auf Gegenleistung erwirbt, der die Gestalt von *Geld* annimmt, so kann er mit diesem Anspruch auf verschiedene Weise verfahren. Er kann ihn sofort geltend machen, indem er das Geld wieder ausgibt und sich z.B. eine Uhr kauft oder einen Anzug anfertigen lässt. In diesem Fall wird das Geld seiner Bestimmung, Güterumsätze zu vermitteln, zurückgegeben; es tut seinen Dienst, es *arbeitet*, wie man zu sagen pflegt. Der Mann kann aber auch anders handeln. Er kann den erworbenen Anspruch auf Gegenleistung ungenutzt lassen, um erst bei späterer Gelegenheit Gebrauch von ihm zu machen, beispielsweise, um im nächsten Sommer eine Reise zu unternehmen oder sich ein Ruderboot zu kaufen. In diesem Fall liegt das Geld bis zum Sommer untätig im Schrank. Es vermittelt keine Güterumsätze, es arbeitet nicht, und die in ihm verkörperte Kaufkraft bleibt ungenutzt. Die Kaufkraft *ruht*.

Wenn die meisten Menschen so handeln wie unser Mann im ersten Beispiel, also eingenommenes Geld sofort wieder ausgeben, so zirkuliert die im Land vorhandene Geldmenge sehr schnell. Es kommen viele Umsätze zustande, und es herrscht rege Tätigkeit. Handeln die meisten Menschen aber wie im zweiten Beispiel, lassen sie das Geld also lange Zeit ungenutzt liegen, so zirkuliert das Geld langsam, die Umsätze sind gering, und das gewerbliche Leben pulsiert schwach. Es kommt somit außerordentlich viel darauf an, ob die Menschen die Gewohnheit haben, die erworbenen Ansprüche auf Gegenleistung schnell oder langsam zu nutzen, d.h. ihr eingenommenes Geld kurze oder lange Zeit aufzubewahren.

Diese Gewohnheit unterliegt aber bestimmten Gesetzen. Es ist fast niemals reine Willkür, ob eine Volksgemeinschaft so oder anders handelt, sondern es hängt von der Eigenart der Wirtschaft ab. Eine Bevölkerung, die darauf rechnen kann, dass sie einen Geldbetrag, den sie heute ausgibt, morgen schon wieder einnimmt, wird mit der Ausgabe nicht lange zögern, sondern das Geld unverzüglich in den Verkehr zurückfließen lassen. Eine Bevölkerung dagegen, die nicht mit einer schnellen Rückkehr des Geldes rechnen kann, muss mit dem vorhandenen Geld haushalten, wird es also nur allmählich und zögernd ausgeben. Mit anderen Worten: Schneller Verdienst gibt aus, langsamer Verdienst spart.

Aber die Schnelligkeit des Verdienstes ist ihrerseits wieder keine Zufallserscheinung, sondern wird gleichfalls von Wirtschaftsgesetzen bestimmt. Jede Einnahme von Geld, d.h. jeder Anspruch auf Gegenleistung, will durch eine Leistung erworben sein. Wer viel leistet, zu dem kehrt das Geld schnell, wer wenig leistet, zu dem kehrt es langsam zurück. Es genügt aber nicht, dass der einzelne Mann selbst intelligent und fleißig ist, damit ihm ein schneller Verdienst zufließt. Auch die anderen Männer, mit denen er im Erwerbsleben zu tun hat, also alle Glieder der Volksgemeinschaft, müssen sein wie er, auch sie müssen viel leisten. Denn wenn sie das nicht tun, haben sie nichts, womit sie die Arbeit des fleißigen Mannes bezahlen können; sie haben keine Gegenleistung, um seine Leistung zu honorieren. Voraussetzung für schnellen Verdienst und entsprechend schnelle Geldzirkulation ist also eine allgemeine Regsamkeit im Land, ist eine große Güterproduktion. Und es ist ja auch ganz klar, dass jeder Einzelne umso schneller und umso mehr *verbrauchen* kann, je schneller und je mehr die ganze Volksgemeinschaft *erzeugt.*

Die Zirkulationsgeschwindigkeit des Geldes, d.h. die Tatsache, ob die einzelnen Geldzeichen lange oder kurze Zeit in ein und derselben besitzenden Hand bleiben, ist nicht nur entscheidend für die größere oder geringere Nachfrage, die am Markt herrscht und die Produktion anregt, sondern sie ist zugleich ihrerseits wieder abhängig vom Grad der Produktivität im Land. Somit entscheidet im Grunde lediglich die nationale Erzeugungskraft über die Schnelligkeit und Größe der Nachfrage. Die Produktion bestimmt den Konsum, und ein schneller Geldumlauf, bei dem viel Geld *arbeitet* und wenig Geld *ruht,* ist nur das äußere Zeichen einer lebhaften gewerblichen Tätigkeit. Den Anstoß zu dieser Tätigkeit liefert die geistige und körperliche Befähigung der Bevölkerung, neue Güter mit möglichst geringem Kraft- und Materialaufwand, d.h. zu billigem Preis, zu erzeugen. Und zwar muss der Preis so billig sein, dass es für die Bevölkerung vorteilhaft wird, sich nicht mehr mit den vorhandenen Gütern, wie Häusern, Bahnen, Schiffen, Maschinen usw., zu begnügen, sondern neben diesen alten Gütern neue in Benutzung zu nehmen. Die zunehmende Fähigkeit zu einer solchen Produktionsverbilligung nennt man *Fortschritt*.

Somit sind *Arbeit* und *Ruhe* des Geldes vom Stand der nationalen Produktivität abhängig. Sie sind Objekt, nicht Subjekt der Betriebsamkeit. Aber obwohl es so ist, gibt es doch ein Mittel, sie wenigstens äußerlich und dem Anschein nach zum Subjekt der Betriebsamkeit zu machen, die Wirtschaft also vom Geld aus zu beeinflussen. Es gibt ein Mittel, die Produktion dadurch zu beleben, dass man »ruhendes« Geld künstlich in *arbeitendes* Geld umwandelt, also das Geld zu einer Tätigkeit zwingt, die es freiwillig nicht ausüben würde. Man kann z.B. den Mann, von dem wir vorhin gesprochen haben und der sein Geld zum Zweck einer Sommerreise oder späteren Ankauf eines Bootes ruhen lassen wollte, veranlassen, seine Absicht aufzugeben und das Geld wieder in Umlauf zu setzen, es sofort wieder arbeiten zu lassen. Das Mittel, mit dem man dies bewirkt, ist der *Zins*.

Der Zins ist weiter nichts als die Prämie, die man den Inhabern ruhenden Geldes dafür gewährt, dass sie den im Geld verkörperten Güteranspruch, den sie selbst bis auf Weiteres nicht geltend machen wollen, interimistisch an Dritte abtreten, die ihn sofort auszunutzen beabsichtigen. Die Einführung des Zinses, d.h. der Leihgebühr für ruhende

Güteransprüche, in die Wirtschaft ist ein höchst raffiniertes Mittel, mit dem man die Geldbesitzer zwingt, die Güteransprüche, die sie besitzen, sofort auszuüben oder ausüben zu lassen, und so eine Nachfrage am Markt zu erzeugen, die sonst fehlen würde. Der Zwang besteht in dem Appell an den menschlichen Eigennutz und erweist sich meist als sehr wirksam. Denn jeder Geldbesitzer, der sein Geld daran hindert zu arbeiten, und es untätig im Kasten liegen lässt, wird dafür bestraft, indem er den Zins verliert, den er sonst erhalten würde.

Hier muss man nun aber genau Obacht geben, dass man nicht einem schweren Irrtum zum Opfer fällt. Denn es sieht angesichts des intimen Verhältnisses, in dem Zins und Geld zueinander stehen, ganz so aus, als sei das Geld der eigentliche Motor der Wirtschaft; ein so wichtiger Motor, dass man ein regelmäßiges und oft sehr hohes Entgelt für seine Benutzung bezahlt. Aber das ist eine Augentäuschung. Man schlägt auf den Sack und meint den Esel. Man spricht vom Geld und denkt dabei nur an die Güter, auf die es ein Bezugsrecht gewährt. Das lässt sich übrigens ganz deutlich erkennen. Wenn ich heute einem Fabrikanten oder einem Bankier zehn Millionen Mark in Geldzeichen auf ein Jahr leihe, daran aber die Bedingung knüpfe, dass er das in den Geldzeichen verkörperte Güterbezugsrecht nicht ausübe, sondern das Geld ruhig liegen lasse, so wird mir der Fabrikant oder der Bankier nicht einen Pfennig Zinsen dafür zahlen. Warum nicht? Nun einfach deshalb, weil den Leuten nicht das Geringste am Geld selbst liegt, umso mehr aber an den Gütern, auf die das Geld ein Anrecht gewährt und die man sich nur dann verschaffen kann, wenn man das Geld wieder fortgibt, es an den Markt bringt.

Streng genommen sind es nicht einmal die Güter an sich, für die der Geldentleiher eine Gebühr, einen Zins, zahlt. Denn wenn ich dem Bankier oder Fabrikanten vorschreiben wollte, dass er nur dieses oder jenes Gut für meine zehn Millionen Mark beziehen dürfe, etwa ein Bild oder eine Münzsammlung, so wird er mir wiederum keinen Zins bewilligen. Er wird dies auch dann nicht tun, wenn ich ihm zwar die Güterauswahl freistelle, aber von ihm verlange, dass er die Güter konsumtiv verwerte, dass er z.B. gekauftes Holz verbrenne, gekauften Zucker verzehre. Er vergütet mir den Zins nur dann, wenn ich ihm das Geld für denjenigen Zweck überlasse, den er selbst im Auge hat. Und dieser Zweck ist nicht auf den Besitz und den Konsum eines bestimmten Guts gerichtet, sondern auf die *Arbeit*, auf die *Leistung*, die ihm der Besitz des Guts ermöglicht. Der Textilindustrielle z.B. bezahlt mir für mein Geld nicht deshalb einen Zins, weil er sich dafür soundso viel Wollgarn hinlegen kann. An dem Besitz dieses Garns, an dessen Lagerung in seinen Räumen, ist ihm nicht das Mindeste gelegen. Sondern er bezahlt mir den Zins, weil ich ihm mit meinem Geld eine Leistung ermögliche, nämlich eine Veredelung des Garns zu Stoff. Das Garn ist wie das Geld nur Mittel zum Zweck. Die Leihgebühr erhalte ich für die Ermöglichung einer Leistung, und ich erhalte sie aus dem Nutzen, den die Leistung für die Allgemeinheit hat. Ich erhalte sie, exakt gesprochen, dafür, dass der Industrielle für seine Leistung mehr Güteransprüche erlöst, als er mir schuldet, indem er mehr Geld als meine zehn Millionen Mark einnimmt. Er tritt mir einen Teil des Güterzuwachses ab, um den er die Welt mit der Arbeit bereichert hat, zu der ich ihn mit meinem Geld befähigt habe.

Der einzelne wirtschaftende Mensch hat also seine Pflicht noch nicht ganz erfüllt, wenn er viel geleistet und dadurch einen Anspruch auf viel Gegenleistungen erworben hat. Er muss, um ein nützliches Glied der Gesellschaft zu sein, den Anspruch auch *geltend machen*; er muss die Gegenleistung beziehen oder, wenn er sie selbst nicht sofort verwenden kann, den Bezug einem Dritten überlassen. Tut er das nicht, sondern bewahrt er den Anspruch in Form von Geld jahrelang auf, um das Güterbezugsrecht erst spät oder gar nicht auszuüben, so prellt er die Gesamtwirtschaft und verletzt den Sinn des Geldverkehrs, der ein Austausch von Leistung und Gegenleistung ist. Hat die Umwelt ihm seine Leistung abgenommen, so hat sie Anspruch darauf, dass man ihr auch eine Gegenleistung abnimmt. Sonst sucht sie für dieselbe vergeblich Abnehmer auf dem Markt, und die Produktivität nimmt mangels entsprechender Nachfrage ab. *Wer arbeitet, soll auch essen.* Wer produziert, soll konsumieren. Sonst gerät die Wirtschaft in Unordnung.

Wir haben das wirtschaftliche Instrument, mit dem diese Gefahr einer Stockung in der Wirtschaft vermieden wird, bereits kennengelernt; es ist der *Zins*, der eine Prämie auf den sofortigen Bezug von Gegenleistungen setzt, und zwar – wie weise ist doch die Wirtschaft eingerichtet! – auf den *produktiven* Bezug von Gegenleistungen, also auf die sofortige Beschaffung von Gütern, die eine Anwendung von Arbeit gestatten und dadurch den Güterbestand im Land erhöhen. Andererseits sorgt aber der Zins auch dafür, dass nicht mehr Güter produziert werden, als die Konsumfähigkeit rechtfertigt. Würden in einem Land alle Geldinhaber darauf verzichten, die Gegenleistung, auf die sie Anspruch haben, in Form von verzehrbaren und verbrauchbaren Gütern zu beziehen, sondern würden sie, um Zinsen einzunehmen, grundsätzlich die ganze Gegenleistung an die Produzenten abtreten, so würde die Erzeugung sehr bald über die Verbrauchsmöglichkeit hinausgehen. Die Produzenten würden vergeblich nach Abnehmern für ihre Waren suchen. Darum *steigt* der Zins, eben die Prämie für Überlassung von Güterbezugsrechten, sobald die Produktivität hinter dem Konsum zurückbleibt, und er *sinkt*, sobald das Umgekehrte eintritt. Er sinkt dann so lange, bis die Zinsprämie den Geldinhabern ungenügend erscheint, sodass diese es vorziehen, selbst zu konsumieren oder zumindest die Produktion nicht mehr durch Überlassung von Güterbezugsrechten zu verstärken.

Der Zins ist also, wie Du siehst, ein sehr wichtiger Wirtschaftsfaktor, lieber James. Er gibt Tempo und Richtung der Produktion an und stimmt Erzeugung und Verbrauch aufeinander ab. Er zieht Güterbezugsrechte an, wenn er hoch ist, und stößt sie ab, wenn er niedrig ist, er füllt und leert auf diese Weise die Sammelbecken, aus denen die nationale Produktion die nötigen Antriebskräfte erhält. Diese Sammelbecken aber sind der *Geldmarkt* und die *Banken*.

In Liebe
Dein alter Papa.

Berlin, 20. Januar 1921

NEUNTER BRIEF

Die Voraussetzung des Geldmarktes.
Die Güterbezugsrechte und die dritte Hand.
Die Kredithoheit der Banken.

Wir haben uns daran gewöhnt, lieber James, den *Geldmarkt* als etwas Selbstverständliches anzusehen. Er gilt uns als der unentbehrliche Treffpunkt, an dem diejenigen, die im Besitz zeitweilig brachliegenden Geldes sind, Leute suchen und finden, die für dieses Geld Verwendung haben und einen Zins dafür bezahlen. Auf seinen eigentlichen wirtschaftlichen Sinn reduziert heißt das: Der Geldmarkt scheint uns deshalb unentbehrlich, weil jeder, der ein Bezugsrecht auf Güter besitzt, das Bezugsrecht aber noch nicht ausüben will, hier Gelegenheit hat, es Dritten gegen eine Leihgebühr abzutreten. Hier gibt es Leute, die Verwendung für produktive Güter wie Werkstätten, Maschinen und Fabrikate oder für Arbeit und Rohstoffe haben, aus denen Werkstätten, Maschinen und Fabrikate hergestellt werden, und die ihm dafür, dass er ihnen den Bezug dieser Dinge mit seinem Geld ermöglicht, gern einen Anteil an ihrem Produktionsgewinn in Gestalt eines Zinses einräumen. Was sollte wohl, so argumentieren wir, derjenige anfangen, der viele Güterbezugsrechte besitzt (viel Geld hat), sie aber selbst nicht zu verwenden vermag, wenn es keinen Geldmarkt gäbe, an dem er die

Rechte ausleihen kann, und keinen Kapitalmarkt, an dem sich die Rechte verkaufen lassen? (Der Unterschied zwischen Geldmarkt und Kapitalmarkt wird in der Regel nicht beachtet. Er besteht darin, dass am Geldmarkt Gelder, d.h. Güterbezugsrechte auf Zeit *ausgeliehen* werden, während am Kapitalmarkt dieselben Gelder, dieselben Güterbezugsrechte, definitiv abgetreten, gegen sogenannte Anlagewerte ausgetauscht, also *verkauft* werden.)

Trotzdem ist der Geldmarkt an sich entbehrlich. In einem Land, wo die sozialen Verhältnisse der Bevölkerung einigermaßen gleichmäßig sind, wird ein Geldmarkt nicht gebraucht, und wenn er dennoch existiert, so spielt er hier keine große Rolle. Wozu bedarf es eines Geldmarktes z.B. in einem Agrarland, in dem fast jeder Einwohner sein Stück Land hat, das ihn heute ernährt und das in dreißig Jahren seine Kinder nähren wird? Er tauscht seine Produkte in Geld, d.h. in Güterbezugsrechte, ein und bezieht dann dafür die Waren, die er braucht. Nimmt er viel Geld ein, so kauft er viele Waren, andernfalls kauft er wenige. Er hat keinen Grund, einen Teil der im Geld verkörperten Bezugsrechte nicht auszuüben, auf den Kauf von Waren systematisch zu verzichten und das Geld zu *sparen*. Das kann anders werden, wenn sich im Lauf der Zeit so viel Grundbesitz in einer Hand vereinigt, dass der Besitzer mehr Geld einnimmt, als er, ohne zu verschwenden, für Waren ausgeben will oder kann. Aber dann findet er ohne Weiteres einen Nachbarn, der ihm das Geld abnimmt und verzinst. Er besitzt nunmehr ein Kapital, dargestellt in einer Forderung an den Nachbarn, also etwa in einer Hypothek. Es ist nicht nötig, dass in einem solchen

Land der Leihgeldverkehr, der Austausch von Güterbezugsrechten, marktmäßig organisiert wird.

Auch in einem industriell fortgeschrittenen Land kann es Brauch sein, dass jeder Gewerbetreibende das Recht zum Bezug von Gütern, welches er mit seinen Produkten erwirbt, selbst ausübt; dass er also für sein Geld Verbrauchsgüter kauft und etwaige Überschüsse, die seinen Bedarf übersteigen, zur Erweiterung seines Betriebs verwendet oder seinen Kindern damit eine Existenz schafft, indem er ihnen Betriebe einrichtet. Ein Ende hat es mit dieser patriarchalischen Verwendung der im Geld dargestellten Bezugsrechte erst dann, wenn eine sehr große *Ungleichheit des Besitzes* die Regel geworden ist. In Ländern, wo die Bevölkerung in *two nations* zerfällt, nämlich in eine reiche Oberschicht, die den größten Teil des Bodens und aller Betriebsmittel besitzt, und ein entwurzeltes Proletariat, das nichts oder wenig hat außer der Arbeit seiner Hände, in solchen Ländern hört die Verwendung des Geldes durch den Eigentümer selbst notwendig auf.

Der Proletarier, der keinen Rückhalt an eigenem Besitz hat und der stets befürchten muss, bei eintretendem Alter oder verminderter Arbeitsfähigkeit ohne Verdienst und ohne Existenzmittel dazustehen, der auch seinen Angehörigen keine Einkommensquelle hinterlässt, muss wohl oder übel einen Teil seines Einkommens unverbraucht lassen. Für ihn heißt es: »Spare in der Zeit, so hast Du in der Not!« Er muss Bezugsrechte auf Güter für sein Alter und seine Familie reservieren, wenn er nicht sehr leichtfertig handeln will. Tut er es nicht selbst, so muss es der Staat im Wege der Sozialgesetzgebung für ihn tun. Beides läuft auf dasselbe hinaus. Es werden Güterbezugsrechte dem sofortigen Verbrauch durch ihre Eigentümer entzogen, für spätere Jahrzehnte aufgesammelt und bis zum Eintritt des Zeitpunkts ihrer Verwendung an Dritte ausgeliehen. Dabei handelt es sich um ganz gewaltige Summen, die in der Statistik der staatlichen Versicherungsanstalten, der Sparkassen, der kleinen Lebensversicherung usw. zum Ausdruck kommen. Ihre Bewegung erfordert eine Organisation, und diese Organisation ist der Geldmarkt.

Eine ganz ähnliche Veränderung tritt bei der entgegengesetzten Bevölkerungsschicht, bei den Großkapitalisten, ein. Die Ursachen sind hier aber zum Teil anderer Art. Allerdings besteht auch in diesen Kreisen, die auf der Sonnenseite des Lebens stehen, das Bestreben, sich Reserven für die Zukunft zu schaffen; denn in einem auf Industrie und Großkapitalismus eingestellten Land wechseln die Konjunkturen schnell, und ein Sturz in die Tiefe liegt für den Einzelnen durchaus im Bereich der Möglichkeit. In der Hauptsache aber ist der Verzicht auf sofortige und selbstständige Geltendmachung der Güterbezugsrechte ganz einfach darauf zurückzuführen, dass sich in einer und derselben Hand viel mehr solcher Rechte ansammeln, als vernünftigerweise genutzt werden können, viel mehr Geld, als selbst bei luxuriösen Lebensgewohnheiten für den Tagesbedarf ausgegeben werden kann. Das Geld in den eigenen Betrieb zu stecken, wie es der Landwirt gern tut, widerstrebt aber dem modernen Kapitalisten. Er setzt nicht gern alles *auf eine Karte* und arbeitet, wenn er sein Unternehmen sehr stark ausdehnt, lieber mit fremdem Gelde als mit dem seinigen. Auch der Kapitalist, und er ganz besonders, braucht also einen Markt, an dem er sich seiner überschüssigen Güterbezugsrechte auf kürzere oder längere Zeit entledigen kann.

So sehen wir, dass der Geldmarkt ganz und gar kein Naturprodukt, keine wirtschaftliche Elementar-Erscheinung ist, sondern dass er nur unter ganz bestimmten Voraussetzungen zu einem Bedürfnis wird. Heute ist das allerdings in allen Kulturländern der Fall, weil sie in den letzten Jahrzehnten eine ausgesprochen großkapitalistische Entwicklung durchgemacht haben. Das Geld muss heute einen besonderen Markt haben, weil auf der einen Seite ein immer größerer Überschuss Verwendung sucht, auf der anderen Seite das Bedürfnis nach einer Reserve für die Zukunft immer dringender wird; beide Momente bewirken, dass die *dritte Hand* bei der Geldverwendung nicht mehr entbehrt werden kann.

Tatsächlich hat jedes Land nicht nur *einen* Geldmarkt, sondern daneben noch zahlreiche kleine Märkte, von denen jeder einen Zu- und Abfluss zum großen Zentralmarkt hat. Die kleinen Märkte sind die *Banken*. Bei ihnen sammeln sich die Gelder der *two nations*, in erster Linie fließen ihnen die Überschussgelder der kapitalistischen Kreise zu. Ihre Aufgabe ist es, die dritte Hand zu suchen, welche die in den Geldern verkörperten Güterbezugsrechte so zweckmäßig ausnutzt, dass über den Zins hinaus, der dem Eigentümer zu vergüten ist, ein hoher Überschuss für die Volksgemeinschaft erzielt wird. Von ihren Kreditprinzipien hängt es ab, welche Verwendung die Produktivgüter finden und in welcher Richtung sie die Wirtschaft des Landes entwickeln. Denn gleichviel, ob die Banken die dritte Hand selbst finden, welche die Güter verwalten und zu ertragreichem Kapital umwandeln soll, oder ob sie sich dabei der Mitwirkung des großen Zentralmarktes bedienen, immer ist die Auswahl unter den Verwaltungsberechtigten ihnen überlassen. Das macht die ungeheure Verantwortung der Banken und zugleich ihre Machtstellung aus, die sie oft zu einem Staat im Staat werden lässt.

Da die Banken mittels ihrer Kredithoheit in der wirtschaftlichen Entwicklung die Wege vorzeichnen, hätten sie es eigentlich in der Hand, die bedenkliche Tendenz zu mildern, welche die Bevölkerung in zwei feindliche soziale Lager spaltet und dadurch den Bestand des Staates gefährdet. Sie hätten es in der Hand, die ihnen zur Verteilung überlassenen Güterbezugsrechte in solche Kreise zu leiten, die nicht an der Verstärkung des Proletariats mitwirken. Sie könnten den gewerblichen Mittelstand und das Handwerk fördern und dadurch dem rasenden Wachstum des Großkapitals Grenzen setzen. Leider verfahren die Banken aber in den meisten Ländern nicht so, sondern gerade entgegengesetzt. Sie führen die unverwendeten Überschüsse des Kapitals wiederum dem Kapital zu und verstärken so die geldkonzentrierende Tendenz, die zwar den Geldmarkt immer unentbehrlicher und mächtiger macht, die Wurzeln des Staates aber allmählich vollkommen untergräbt.

Zum Teil wirken hierbei egoistische Gründe mit. Aber um gerecht zu sein, eine erhebliche Mitschuld trifft dabei den Staat und seine Gesetzgebung. Da die Banken anvertrautes Gut verwalten und nicht nur aus privatrechtlichen Gründen, sondern auch infolge ihrer öffentlichen Stellung, als Herren der wirtschaftlichen Entwicklung im Land, verantwortlich für die Intaktheit der ihnen überlassenen Gelder sind, so müssen sie ihr Hauptaugenmerk auf den Moment der *Sicherheit* legen. Als der geeignetste Verwalter der Gelder erscheint ihnen daher immer derjenige, der die größte Gewähr für pünktliche Rückerstattung bietet, und das ist naturgemäß der Großkapitalist. Der kleine Mann bietet eine solche Gewähr nicht, seitdem die Staatsgesetze, im Streben nach Humanität, den unzuverlässigen Schuldner in weitgehendem Maße vor der Verfolgung durch den Gläubiger schützen. Als es noch den Schuldturm gab, war der Handwerker und Kleingewerbler ein verhältnismäßig sicherer Debitor, dem Kredit ohne Weiteres zur Verfügung stand. Die drohende Gefängnisstrafe machte ihn vorsichtig und zu einem verlässlichen Verwalter fremden Geldes. Heute droht ihm der Schuldturm nicht mehr, aber er selbst trägt den Schaden, denn er ist nun nicht mehr kreditwürdig. Es verhält sich mit diesem sozialen Akt der Gesetzgebung wie mit so vielen anderen: Er erschlägt diejenigen, die er schützen will, und ist daher in Wirklichkeit im höchsten Grade unsozial.

Das darf man nicht ganz außer Acht lassen, wenn man den Banken den Vorwurf macht, sie trieben großkapitalistische Kreditpolitik und handelten nach dem Prinzip: »Wer da hat, dem wird gegeben.« Eins aber ist sicher: Auf dem jetzigen

Weg der Überfütterung des Kapitals, sozusagen der kapitalistischen Inzucht, darf es nicht mehr lange weitergehen, wenn es nicht zum *Zusammenbruch des Abendlandes* von innen heraus kommen soll.

Und noch in einem anderen Punkte haben die Banken umzulernen; das ist die *Zinspolitik*. Der Zins ist jener hochwichtige Faktor im Wirtschaftsleben, der darüber entscheidet, ob die im Geld verkörperten Güterbezugsrechte jeweils in produktivem oder in konsumtivem Sinne ausgeübt werden müssen. Der Zins ist das Zünglein an der Waage des wirtschaftlichen Gleichgewichts und zeigt genau an, ob die Schale der Produktion oder die des Konsums entlastet werden muss. Wird dieser Index missbraucht, wird ihm zum Trotz die Produktion mithilfe der bei den Banken zentralisierten Gelder weiter gesteigert, obwohl ihre Schale sich längst gesenkt hat, so bricht eine Wirtschaftskrise aus, die bei richtiger Politik vermieden werden könnte. Das wirkliche Verständnis für die Symptome der Konjunkturen wird in den Bankbüros heute noch allzu sehr durch Schematismus und Routine ersetzt.

Während der nächsten Tage muss ich mich der Bilanz meiner Bank widmen, lieber James. Wundere Dich also nicht, wenn zwischen diesem Brief und dem nächsten etwas mehr als die gewohnte Zeit vergeht.

Herzlichst
Dein Papa.

Berlin, 26. Januar 1921

ZEHNTER BRIEF

Das Prinzip der Notenbank.
Der »Goldwahn«.
Geldmenge und Dritteldeckung.
Notenbank und Konversionskasse.

So alt wie das Geld, lieber James, so alt ist auch die Klage der Menschen, es gebe *zu wenig Geld.* Das ist ein Missverständnis, von dem ich nicht zu hoffen wage, dass es jemals ganz aus der Welt verschwinden wird. Es werden wohl immer nur ganz Vereinzelte sein, die erkennen, dass *zu wenig Geld* ein Widersinn ist. Geld ist der Maßstab, nach dem sich die vorhandenen Güter auf die Bevölkerung verteilen, und man kann die einzelnen Güterportionen nur vergrößern, indem man die Gütermenge erhöht, nicht aber, indem man den Maßstab verlängert. Wer darüber klagt, dass er zu wenig Geld hat, klagt in Wirklichkeit nur darüber, dass er nicht genug Waren oder Leistungen hat absetzen und sich daher nur eine kleine Portion der vorhandenen Gütermenge hat beschaffen können. Das kann eine Frage der persönlichen Unfähigkeit oder eine Frage der sozialen Ungerechtigkeit sein, niemals aber eine Frage der Geldmenge.

Da die große Masse das aber nicht einsieht, so fordert sie vom Staat, dass er mehr Geldzeichen herstellen soll, und der

Staat erkennt diese Forderung als grundsätzlich berechtigt an, indem er *Notenbanken* errichtet, die *nach Bedarf* Geldzeichen ausgeben sollen. Dabei setzt er der Schöpfertätigkeit der Banken freilich gewisse Grenzen. Wenn aber schon seine Anerkennung des öffentlichen Geldverlangens uns ein wehmütiges Lächeln abnötigt, weil sie auf einem Irrtum beruht, so wirken die *Grenzen*, die er dem Verlangen setzt, vollends humoristisch. Denn der Staat pfropft hiermit seinem ersten Irrtum einen zweiten auf.

Wie die beiden Irrtümer entstanden sind, ist durchsichtig genug. Der Staat hat sich im Laufe der Jahrhunderte zu der Erkenntnis durchgerungen, dass nicht jedes Geld den in ihm dargestellten Güteranspruch wirklich voll gewährleistet, also *wertbeständig* ist. Er hat vielmehr erkannt, dass nur solches Geld, das entweder selbst aus Edelmetall (Gold) besteht oder jederzeit in dieses Edelmetall umgetauscht werden kann, die Eigenschaft der Wertbeständigkeit hat. Dabei ist ihm jedoch der *Grund* dieser Tatsache verborgen geblieben. Er sieht darin nur den Ausfluss einer menschlichen Laune, eines Vorurteils. Er führt die Wertbeständigkeit des goldgedeckten Geldes darauf zurück, dass die Menschen nun einmal nur ein Geld, für das sie jederzeit den vollen Gegenwert in dem edlen Weltmetall eintauschen könnten, für wertecht halten. Wenn das auch nur eine Marotte ist, die wohl aus der traditionellen Überschätzung der Edelmetalle herrührt, so müsse man ihr doch Rechnung tragen und möglichst nur solches Geld ausgeben, das auf Wunsch seines Inhabers jederzeit in Metall umgetauscht werden kann.

Das ist aber ein Irrtum. Die tatsächliche Überlegenheit des Goldgeldes – im östlichen Weltteil des Silbergeldes – hat eine weit tiefere Ursache als die Laune oder den Eigensinn der großen Masse. Die verhältnismäßige Wertbeständigkeit des Goldgeldes rührt vielmehr daher, dass die Erzeugung solchen Geldes der staatlichen Willkür entzogen ist. Goldgeld kann nur entstehen, wenn Gold erstens produziert und zweitens als Ware in das Land eingeführt worden ist. Als Produkt und als Ware muss es aber bezahlt werden. Es ist also nur dann verfügbar, wenn etwas *geleistet* wird. Die Forderung, dass die Leistung und *nur* die Leistung Geld entstehen lasse, ist beim Goldgeld (oder bei dem voll durch Gold gedeckten Geld) in idealer Weise erfüllt. Es kann von solchem Geld niemals mehr entstehen, als der menschliche Verkehr, der Leistung gegen Leistung austauscht, rechtfertigt und braucht. Und da die Menge des Geldes bzw. das Verhältnis zwischen dieser Menge und den Leistungen über die Kaufkraft, über den *Wert* des Geldes entscheidet, so ist das Goldgeld, bei dem die Menge bzw. das Verhältnis keine willkürliche Verschiebung erfahren kann, wertbeständig. Genauso wertbeständig würde aber auch jedes andere Geld sein, das ausschließlich aus der Leistung entsteht, das also vom Verkehr selbst erzeugt und nicht nach irgendwelchen Prinzipien von außen her dem Verkehr aufgezwungen wird.

Das erkennt, wie gesagt, der Staat nicht. Er glaubt an eine fixe Idee der Völker, an eine Art *Goldwahn*, und versucht nun, diesem Vorurteil durch eine bestimmte Geldpolitik Rechnung zu tragen. Er ermächtigt also die Notenbanken, das Verlangen des Volkes nach *mehr Geld* unter der Voraussetzung zu erfüllen, dass die ausgegebenen Noten in gewisser Höhe durch Gold gedeckt seien. Die Notenmenge könne beliebig hoch gegriffen werden, wenn nur immer Gold genug vorhanden sei, um diejenigen Noteninhaber, die in ihrem *Goldwahn* etwa einmal Metall zu erhalten wünschten, aus dem Bestand befriedigen zu können. Da erfahrungsgemäß in normalen Zeiten im Durchschnitt nur jeder zehnte oder fünfte, allerhöchstens jeder dritte Noteninhaber Gold gegen seine Noten verlange, so genüge es, wenn der Metallbestand ein Drittel des Gesamtbetrages der ausgegebenen Noten ausmache. Sei diese Bedingung erfüllt, so könnten die Banken ruhig jede Notenmenge in Umlauf setzen, die dem *Verkehrsbedürfnis* entspreche; das Bedürfnis lasse sich am besten aus der Zahl der bei den Banken zur Diskontierung eingereichten kaufmännischen Wechsel erkennen.

Aus diesem Gedankengang heraus sind alle existierenden Notenbanken entstanden. Das Prinzip ist überall dasselbe, wenn man auch bei der einen Bank das Vorhandensein von 40 Prozent Gold statt von 33⅓ Prozent zur Bedingung macht, bei einer anderen Bank wieder irgendeine ziffernmäßige Höchstgrenze für die auszugebende Notenmenge festsetzt; eine Höchstgrenze, die fast regelmäßig heraufgesetzt wird, sobald das *Verkehrsbedürfnis* es zu fordern scheint. Das Privileg aller Notenbanken beruht also auf dem zweifachen Irrtum, dass der *Wert* des Geldes mit der umlaufenden Geldmenge im Land nichts zu tun hat und dass nur das Gold bzw. die Möglichkeit eines Umtauschs in Gold dem Geld seine Wertbeständigkeit verleiht. Während es sich in Wirklichkeit gerade umgekehrt verhält. Das Gold hat als solches gar keinen, die Geldmenge dagegen den alleinigen Einfluss auf den *Geldwert.*

Daher kommt es, mein Lieber, dass alle Notenbanken ohne Ausnahme versagt haben, sobald sie die Probe auf das Exempel machen und dem Verkehr – etwa im Krieg oder in einer Krise – eine erheblich vermehrte Notenmenge zur Verfügung stellen wollten. Ihre Noten haben dann sofort einen Teil ihrer Kaufkraft eingebüßt, und die Noteninhaber haben die Banken wegen Umtauschs der Noten in Gold bestürmt, weil nur dieses seinen Wert behielt. Es hat sich dann sehr bald herausgestellt, dass die goldene Dritteldeckung nicht entfernt ausreichte, um alle Ansprüche zu befriedigen. Man hat daher den Umtausch eingestellt, die Einlösung der Noten in Gold suspendiert. Zu diesem Mittel, das ja den Bruch eines dem Volk gegebenen feierlichen Versprechens bedeutet, hat man allerdings immer erst gegriffen, nachdem andere, mildere Mittel versagt hatten. Vorher versuchte man es entweder mit einer kleinen Spitzbüberei, indem man den Noteninhabern statt vollwertiger goldener Münzen alte, abgegriffene und nicht mehr vollwichtige Stücke aushändigte, sie also um einen Teil ihrer Goldforderung brachte, nicht um sie zu schädigen, sondern um sie abzuschrecken. Oder man versuchte es mit dem Schandpfahl: Man erklärte jedem Noteninhaber, der in diesem kritischen Moment Goldansprüche an die Notenbank stellte, für einen Vaterlandsverräter. Tatsächlich waren aber alle diese Mittelchen bereits ein verschleierter Rechtsbruch und der erste Schritt auf dem Wege zur glatten, offenen Suspension der Goldzahlung.

In einigen Ländern haben denn auch die Regierungen allmählich erkannt, dass das ganze Notenbank-Prinzip auf einer fehlerhaften Kenntnis des Geldwesens beruhte. Aber nur einzig und allein England hat von allen europäischen Staaten die Energie aufgebracht, mit dem Prinzip zu brechen. Dort wurde 1844 durch den berühmten »Peels Act« bestimmt, dass außer den damals umlaufenden Noten keine neuen mehr in Verkehr gesetzt werden dürften. Nur gegen Gold sollten fortan neue Noten ausgegeben werden; für jede Note sollte ihr voller Betrag in Gold bei der Bank hinterliegen. Mit anderen Worten: Nicht mehr der Staat oder die von ihm privilegierten Banken, sondern der *Verkehr* sollte, wie es in der Natur der Dinge liegt, neues Geld erschaffen; Staat oder Bank sollten sich fortan darauf beschränken, die Tatsache, dass durch Übergabe von Gold, also durch eine Leistung, Gold entstanden sei, mittels Prägestempels oder mittels eines Gold-Zertifikats (Banknote) zu konstatieren. Weil England auf diese Weise die Bank als Geldschöpferin ausgeschaltet und sich ein Geld geschaffen hat, das aus dem lebendigen Verkehr heraus geboren wurde, hatte das Land bis zum großen Krieg das beste Geld der Welt, das einzige wirklich wertbeständige Geld. Als man dann aber im Krieg die Gelderzeugung wieder zu einer Angelegenheit des Staates und seiner Notenpresse machte und dem Verkehr neue, nicht aus ihm selbst heraus entstandene Geldzeichen aufdrängte, war es natürlich mit der Vollwertigkeit des im Geld dargestellten Güteranspruchs vorbei.

Daraus ergibt sich, lieber James, dass eine schlechte, geldausspeiende Notenbank schädlich, eine gute aber überflüssig ist. Denn die mechanische Aufgabe, das im Verkehr entstandene Geld zu beglaubigen, kann jedes Münzamt versehen. Es scheint auch, als wenn diese Erkenntnis hier und da zu keimen beginnt, weniger in Europa als in Südamerika. Dort haben einige Staaten, als sie an die Sanierung ihres Geldwesens gingen, bewusst auf die Gründung von Notenbanken verzichtet und stattdessen *Konversionskassen* errichtet, d.h. Kassen, welche die Entstehung neuen Geldes lediglich beglaubigten, indem sie für deponiertes Gold Anerkenntnisse ausgaben, die im Verkehr wie das Gold selbst zirkulierten. Vox populi*, die immer nach *mehr Geld* schreit, ist damit allerdings nicht zufrieden, und da es innerpolitische Augenblicke gibt, in denen man der *Straße* nachgeben muss, so ist es recht fraglich, wie lange beispielsweise in Argentinien die Vernunft in Gelddingen die Oberhand behalten wird.

Und wir in Europa? Wir haben in den letzten Jahren so teures Lehrgeld gezahlt, dass wir eigentlich allmählich auf die Höhe der argentinischen Erkenntnis gelangen müssten. Aber meine Hoffnung ist in dieser Hinsicht nicht sehr groß. Bei uns wird zu viel geschwatzt und zu wenig gedacht.

In Liebe
Dein alter Papa.

---

* lat., Stimme des Volkes

Berlin, 28. Januar 1921

ELFTER BRIEF

DER BARGELDLOSE ZAHLUNGSVERKEHR.
DAS »GIRALGELD«.
UNSICHTBARE INFLATION.

Die schlimme Wirkung, lieber James, die eine willkürliche Geldvermehrung auf den *Geldwert*, d.h. auf die Größe des im Gelde verkörperten Güteranspruchs, ausübt, wird meist erst ziemlich spät erkannt. Die Wirkung muss schon recht tief gehen, die Geldverschlechterung einen unheilvollen Grad erreicht haben, bevor der Staat oder die Notenbanken zugeben, dass die Entwertung des Geldes eine Folge ihrer eigenen falschen Geldpolitik sei. Haben sie das aber erst einmal erkannt und den Zusammenhang zwischen der Geldentwertung und der sogenannten *Inflation* öffentlich zugegeben, so ereignet sich allemal etwas, was man amüsant nennen könnte, wenn es nicht so ernste Folgen hätte. Staat oder Notenbank versuchen dann nämlich, die Inflation auf eine ganz bestimmte Weise zu mildern, und zwar auf eine Weise, die deutlich zeigt, dass man den Zusammenhang zwischen Geldverschlechterung und Inflation ahnen und doch sehr laienhafte Ansichten über das Geld haben kann.

Die Notenbank – wir wollen den Staat einmal aus dem Spiel lassen – argumentiert nämlich folgendermaßen: Es ist nicht daran zu zweifeln, dass es ein Fehler war, so große Mengen von Banknoten auszugeben und dadurch den Wert des Geldes zu schwächen. Man müsste also den Versuch machen, einen Teil der Banknoten wieder einzuziehen, aber so, dass keinem Inhaber einer Banknote daraus ein Verlust erwächst. Am besten eignet sich zu diesem Zweck der *bargeldlose Zahlungsverkehr*. Man bringt den Inhabern der eingezogenen Banknoten den Gegenwert auf einem Konto gut und veranlasst sie, ihre Zahlungen nunmehr nicht mehr in bar, d.h. mit Noten, sondern mittels Überweisung von ihrem eigenen Konto auf das Konto der anderen Bankkunden zu leisten. Auf diese Weise gewinnen alle Beteiligten. Der Verkehr wird einen Teil des übermäßigen Notenumlaufs los, was günstig auf den Geldwert einwirkt; die Bank weist entsprechend weniger Noten in ihren Ausweisen aus, was die Kritik verstummen lässt; und die Bankkunden, die ihre Noten gegen ein Konto ausgetauscht haben, genießen die Vorzüge des Überweisungsverkehrs gegenüber dem Barverkehr. Jeder hat einen Vorteil, niemand einen Verlust. Probatum est!

Darum, mein lieber Sohn, wirst Du stets, wenn die Inflation und die Währungsnot einen hohen Grad erreicht haben, das Loblied des bargeldlosen Zahlungsverkehrs singen hören. Mit Bitten und Drohungen, mit aufklärenden Schriften und mit den bekannten Imperativen (»Zahle bargeldlos!« – »Fördere den Überweisungsverkehr!« – »Bekämpfe die Inflation!«) wird auf die Öffentlichkeit eingewirkt, damit sie ihre Noten abliefert und sich dafür ein Konto einrichten lässt, sei es bei der Notenbank selbst, sei es bei einer anderen Bank, die ihrerseits in unbarem Verkehr mit der Notenbank steht.

Tatsächlich hat die Propaganda auch meist Erfolg. Die Privatguthaben bei den Banken, die Bankguthaben bei der Notenbank erfahren eine nennenswerte Steigerung, die deutlich zeigt, wie viel Noten man hätte ausgeben müssen, wenn das Publikum jetzt nicht vielfach mit Scheck und Überweisung statt mit Banknoten zahlte.

Nur eins bleibt aus, und das ist der *Erfolg*. Die Tatsache, dass man so und so viele Milliarden Noten einziehen kann oder nicht auszugeben braucht, weil der Verkehr sich statt ihrer jetzt des *Kontos* für seine Zahlungen bedient, übt nicht die geringste Wirkung auf den Geldwert und auf die Preise aus. Und man fragt sich mit Sorge, welchen Fehler man denn jetzt wieder begangen habe. Denn da es feststehe, dass nur die übergroße Zahl der Geldzeichen schuld an der Geldverschlechterung und der damit identischen Teuerung sei, so müsse die Verringerung der Notenzahl doch eine Geldverbesserung und einen Preisabbau herbeiführen. Man findet aber in der Regel keinen triftigen Grund, sondern kommt schließlich zu der Ansicht, man habe wohl noch nicht genug auf dem Gebiet des bargeldlosen Verkehrs geleistet. Es müsse noch ungleich mehr unbar gezahlt werden, die Banknote müsse allmählich vollständig aus dem Großverkehr verschwinden. Und von Neuem setzt die Propaganda ein: »Zahle bargeldlos!«

Wie gesagt, das wäre sehr amüsant, wenn es nicht in so erschreckender Weise zeigte, auf welchem Tiefstand die Erkenntnis des Geldes und seiner Gesetze auch dann noch steht, wenn man endlich den Zusammenhang zwischen Inflation und Währungsnot begriffen hat. Denn, um es kurz zu sagen, mein Lieber: Der Gedanke, die Inflation durch die Förderung des bargeldlosen Verkehrs bekämpfen zu wollen, ist hahnebüchener Unsinn. Der bargeldlose Verkehr mag unter Umständen (durchaus nicht immer!) eine sehr nützliche Einrichtung sein. Aber der Inflation kann er aus einem sehr einfachen Grund nicht entgegenwirken, nämlich weil er selbst ein Teil der Inflation ist.

Geld ist ja, das kann gar nicht oft und laut genug gesagt werden, nicht etwa nur identisch mit den Geldzeichen, die man im Verkehr antrifft. Das Geld ist seinem Wesen nach gar nichts Materielles, sondern etwas Abstraktes: ein Recht zum Bezug von Gütern. Ob dieses Recht sich in Goldbarren, in Münzen, in Kassenscheinen, in Banknoten oder endlich in Giroguthaben verkörpert, ist vollständig gleichgültig. Worauf es ankommt, ist immer einzig und allein, dass nur so viel Güterbezugsrechte existieren, wie der Verkehr mit seinen täglichen Leistungen und Gegenleistungen aus sich selbst heraus erzeugt. Jede Note und jedes Giroguthaben, das auf diese natürliche Weise entsteht, ist gutes, gesundes Geld. Und jede Note, jedes Giroguthaben, das vom Staat oder einer Bank willkürlich geschaffen wird, ist überschüssiges, schlechtes Geld. Ob man die willkürlich ausgegebenen Banknoten ruhig im Umlauf lässt oder ob man sie einzieht und durch Buchguthaben, sogenanntes *Giralgeld*, ersetzt, ist ohne jeden Belang. Oder sind etwa die zu Unrecht ausgegebenen Bezugsrechte auf Güter aus der Welt geschafft, weil man sie nun nicht mehr körperlich in Noten, sondern unkörperlich im Giroverfahren von Hand zu Hand gehen lässt? Wird auch nur eine einzige Kaufkraft im Land weniger ausgeübt, wenn unbar statt bar gezahlt wird? Und nur darauf kommt es doch an: Es muss weniger Kaufkraft ausgeübt werden, wenn man die Güterpreise ermäßigen oder, was dasselbe ist, den *Geldwert* erhöhen will.

Man tut, wenn man die Unlogik eines Gedankens nachweisen will, immer gut, den Gedanken bis in seine letzten Konsequenzen hinein zu verfolgen. Wir wollen uns deshalb einmal vorstellen, der Appell, den die Regierungen und die Notenbanken an die Öffentlichkeit richten, hätte den außerordentlichen Erfolg, dass nunmehr sämtliche Zahlungen, außer den allerkleinsten, nicht mehr mit Bargeld, sondern im Giroverkehr geleistet werden. Man würde also nunmehr alle Geldzeichen, die 50 Centimes oder 2 Mark übersteigen, einziehen und dadurch den Geldumlauf um neun Zehntel oder noch mehr einschränken können. Was wäre die Folge? Würde eine einzige Nachfrage deshalb unterbleiben? Würden die Giroguthaben, welche die Notenbank nunmehr den Beamten und Staatslieferanten neu einräumt, auf den Verkehrsumfang und auf die Preise aller Waren anders einwirken als vorher die Noten? Und stellen wir uns, um bis ans Ende zu gehen, einmal vor, ein drakonisches Gesetz verbiete alle baren Zahlungen ohne Ausnahme, zwinge also den Kleinverkehr, mit Postschecks zu zahlen, wie der Großverkehr jetzt mit Bankschecks zahlt. Was wäre die Folge? Die Banknoten, die zur Begründung eines Postscheckkontos oder eines Bankkontos eingereicht werden müssten, könnten nunmehr allerdings ohne Ausnahme eingestampft werden. Das sichtbare Geld würde verschwinden und mit ihm die sichtbare Inflation. Aber wir würden dagegen nichts anderes eingetauscht haben als unsichtbares Geld und eine unsichtbare Inflation. Der Verkehr würde genauso kaufen, liefern und bezahlen wie vorher, nur dass die einzelne Zahlung nicht mehr durch Übergabe eines Geldzeichens, sondern durch eine Buchung erfolgt. Technisch hätte sich alles, sachlich absolut nichts geändert.

Also Vorsicht bei der Beurteilung des bargeldlosen Zahlungsverkehrs! Es wird viel Missbrauch mit ihm getrieben, und viele Irrtümer sind mit der Propaganda für ihn verbunden. Geld ist Geld, auch wenn es unkörperlich auftritt. Ja, es kommt in der Form des Bankguthabens, in der Form des *Giralgeldes*, dem eigentlichen Geldbegriff sogar noch näher als in der körperlichen Form der Münze oder der Note. Denn erst jetzt, wenn es als Forderung in einem Buch steht und als Überweisung bald diesem, bald jenem *gutgeschrieben* wird, tritt der wahre Charakter des Geldes als eines *abstrakten Rechts*, eines Rechts zum Bezuge von Gütern, deutlich hervor; während es bisher noch immer eine Konfusion zwischen diesem Recht und seinem körperlichen Vertreter, zwischen dem *Geld* selbst und den *Geldzeichen*, gegeben hat.

In Liebe
Dein alter Papa.

Berlin, 31. Januar 1921

ZWÖLFTER BRIEF

Die Wirkungen der Geldverschlechterung. Inflation und Moral. Währung und Wirtschaftsleben.

Es ist eine altbekannte Erscheinung, lieber James, dass in einem Haus, in dem ein Schwerkranker liegt, meist nur eine einzige Person den ganzen Ernst der Krankheit nicht erkennt, nämlich der Kranke selbst. Er glaubt sich leidlich wohlzufühlen, sobald er etwas Appetit hat. Wie diesem Kranken, so geht es auch den Völkern, die am Geld krank sind, am Verfall ihrer Währung leiden: Weil sie essen, trinken und Geschäfte machen wie früher, glauben sie, es könne nicht so schlimm um sie bestellt sein; der Niedergang des Geldes sei ja freilich unangenehm und habe manche üblen Folgen, aber schließlich gebe es ernstere Krankheiten für ein Volk. Besehe man nämlich die Sache bei Licht, so sei die ganze Währungsfrage im Grunde nur ein harmloses Multiplikationsexempel. Man müsse einfach alle seine Ausgaben mit zehn oder hundert oder tausend multiplizieren, entsprechend der Geldentwertung bzw. der Steigerung der Preise. Sachlich habe das gar nichts zu bedeuten, denn jede Ausgabe des einen sei eine Einnahme des anderen, und demnach stiegen auch die Einnahmen auf das Zehn-, Hundert- oder Zausendfache. Man müsse sich nur daran gewöhnen, allen Zahlen im Verkehrsleben eine Null anzuhängen.

Diese harmlose Auffassung kann man vielfach äußern hören. Und in der Tat: Schadet es einem Volke viel, wenn es mit dem großen statt mit dem kleinen Einmaleins rechnet und wenn alle seine Umsätze sich verhundertfachen? Schließlich ist doch auch hundertmal so viel Geld im Lande wie früher, um die Umsätze zu bewältigen. Die Aufblähung aller Ziffern ist ja überhaupt erst die *Folge* dieser gewaltigen Geldzunahme.

Dieser Harmlosigkeit, mein Sohn, kann man gar nicht nachdrücklich genug entgegentreten, denn die Unkenntnis, die sich in ihr äußert, grenzt ans Verbrecherische. Es ist schlimm genug, wenn ein Volk in ahnungslosem Leichtsinn die schiefe Ebene der Inflation hinuntergleitet. Wenn es dann aber die Folgen, die dieses Hinabgleiten mit sich bringt, geflissentlich ignoriert oder ihnen die beste Seite abzugewinnen sucht, statt dem Staat in die Zügel zu fallen und rechtzeitig zu bremsen, so eilt das Volk seinem Verhängnis entgegen. Denn um es in dürren Worten zu sagen: Der Verfall seiner Währung ist wohl das größte Unglück, das ein Volk treffen kann. Selbst ein verlorener Krieg bringt ihm nicht so schweren unmittelbaren Schaden wie der Ruin seines Geldwesens.

Die Leute, die in der ganzen Frage nur ein belangloses Rechenexempel erblicken, übersehen nämlich einige begleitende Momente des Währungsverfalls. Sie übersehen vor allem den einen bedeutungsvollen Umstand: Die Entwertung des Geldes, also die Multiplikation der Ausgaben, trifft die *Gesamtheit*. Das Gegenstück hierzu, die Steigerung der Einnahmen, kommt aber nur einem *Bruchteil* der Bevölkerung zugute, diesem freilich in solchem Maß, dass das Verhältnis zwischen Einnahme und Ausgabe sich bei ihm ganz außerordentlich verbessert. Und zwar ist es in der Hauptsache das Kapital, soweit es Sachwerte besitzt, das in dieser Weise profitiert. Auf der anderen Seite, die von der Geldentwertung lediglich das Moment der Ausgabensteigerung kennenlernt, befinden sich aber, abgesehen von den Rentnern, die besonders schwer geschädigt werden, in der Hauptsache die geistig und körperlich arbeitenden Klassen, die Beamten und die Staatspensionäre.

Wie es kommt, dass die einen die Inflation als einen nie wiederkehrenden Glücksfall, die anderen dagegen dieselbe Inflation als eine Katastrophe empfinden, lässt sich nicht in wenig Worten darlegen. Der Mechanismus, der das bewirkt, ist ziemlich kompliziert. Aber wenn man den Vorgang roh skizzieren will, so kann man wohl sagen: Jeder, der in *Geld* ausgedrückte Ansprüche wie Zins, Rente, Gehalt, Lohn, Pension und dergleichen besitzt, wird in dem Maß der Geldverschlechterung geschädigt. Jeder, der gewisse *Realwerte* wie Grundbesitz, Vieh, Mobiliar, Lagervorräte und dergleichen besitzt, wird normalerweise weder geschädigt noch begünstigt, weil die Realwerte um ungefähr so viel im Preise steigen, wie das Geld, in dem der Preis ausgedrückt wird, an Kaufkraft verliert. (Gewaltsame Schädigungen, wie die der Hausbesitzer durch die Wohnungspolitik des Staates, bleiben hier außer Betracht.) Jeder endlich, der *werbende* Werte, also Fabrikanlagen und Maschinen, besitzt und mit ihnen Realwerte erzeugt, sowie jeder, der diese Erzeugnisse vertreibt, profitiert von der Inflation; und zwar deshalb, weil die Verkaufspreise seiner Produkte, also seine Einnahmen, sich dem sinkenden Geldwert schneller anpassen, d.h. schneller steigen, als seine Ausgaben für Lohn, Miete, Zins, Abgaben usw., und weil dieses günstige Verhältnis nicht einmal, sondern viele Male, mit jedem Verkaufsakt von Neuem, in Erscheinung tritt. Kurz gesagt: Die erste Klasse wird durch die Inflation zugunsten der dritten Klasse enteignet.

Nun könnte man sich auf den Standpunkt stellen, Mitleid sei nicht Sache der Volkswirtschaft und man dürfe den Vorgang nicht durch die Brille der Sentimentalität ansehen. Der eine steige hoch, der andere sinke herab, das sei nun einmal Menschenschicksal. Es komme nicht auf den Einzelnen, sondern auf die Gesamtheit an. Aber gerade hier sitzt der Haken: Die Gesamtheit nimmt nämlich bei diesen Vorgängen, obwohl sie nur bestimmte Volksklassen anzugehen scheinen, den allerschwersten Schaden.

Zunächst in *moralischer* Hinsicht: Im ganzen Volk, selbst wenn es die Geradheit und Ehrlichkeit selbst ist, schwindet allmählich jedes Gefühl für Recht und Billigkeit. Nämlich deshalb, weil alle Klassen, sogar die Inflationsgewinner, sich vom Staat betrogen glauben. Und in der Tat: Wir wissen, dass das Geld ein *Recht* ist, nämlich ein Recht zum Bezug von Gütern ganz bestimmten Werts. Und was Recht ist, muss bekanntlich in einem Ordnungsstaat auch Recht bleiben. Kein Recht aber muss sicherer stehen und längeren Bestand haben als das Besitzrecht, das im Geld verkörpert ist, denn im Vertrauen auf seinen Bestand schließen Staaten und Völker heilige Verträge ab, die hundert Jahre und mehr Gültigkeit haben. Dieses Recht, dieses Recht aller Rechte, hat der Staat, der den Geldwert durch Inflation dezimiert hat, auf das Gröblichste verletzt. Jeder Arbeiter, jeder Beamte, jeder Rentner, jeder Pensionär fühlt sich durch den Staat, der doch das Recht schützen soll, um das Seinige geprellt. Aber auch die Nutznießer der Geldverschlechterung, die sozusagen vom Fett der Allgemeinheit zehren, fühlen sich durch den Staat in ihren Rechten bedroht, denn von ihnen fordert der Staat die *Steuern*, die er braucht, um das von ihm selbst verschuldete Elend wenigstens einigermaßen zu lindern. Da nun nur wenige der Nutznießer den wirklichen Zusammenhang zwischen ihren Einnahmen und dem Unglück der anderen kennen, die meisten vielmehr ihrer eigenen Tüchtigkeit zuschreiben, was nur die Wirkung der Inflation ist, so betrachten sie es als einen Gewaltakt und eine Entrechtung, wenn der Staat ihnen einen Teil ihres Gewinns fortsteuern will. Daher die allgemeine *Steuerflucht*, in der die Rechtsverwirrung der Inflationsgewinner zum Ausdruck kommt. Die Rechtsverwirrung der Inflationsopfer gelangt in Unbotsamkeit, Gesetzesverletzung, Arbeitsverweigerung, Diebstahl, schließlich Revolution und Mord zum Ausdruck. Es kommt zu einem Kampf aller gegen alle, der den Staat erschüttert und oft genug zum Auseinanderfallen bringt.

Denn wenn wir heute sehen, dass das Unrecht, das die Inflation den Arbeitern, den Beamten, den Angestellten usw.

zugefügt hat, zu einem größeren oder kleineren Teil durch Lohn- und Gehaltsaufbesserungen wiedergutgemacht worden ist – wodurch ist das erreicht worden? Nur durch Kämpfe, durch unausgesetzte, erbitterte, rücksichtslose Kämpfe. *Freiwillig* findet ein Ausgleich zwischen den Nutznießern und den Opfern der Inflation niemals statt; der Ausgleich muss Schritt für Schritt durch Streiks, Drohungen, Hetzreden, Aufpeitschung der Volksleidenschaften erkämpft werden. Heute ficht der Arbeiter gegen den Arbeitgeber, morgen macht der Bauer gegen den Städter (oder umgekehrt), übermorgen das Stadtvolk gegen den *wucherischen* Händler mobil, der Mieter gegen den Hausbesitzer, und so fort. Das ganze Land zerfällt in unzählige Brandherde, und jeder dieser Brandherde bedeutet eine Feuersgefahr für den Staat. Das ist die *soziale* und *politische* Seite der Geldverschlechterung.

Ich habe, wie Du weißt, lieber James, in meinem Bibliothekzimmer ein Archiv, dem ich Zeitungsmeldungen über wichtige oder interessante Vorgänge einverleibe. Jeder, der Einblick in dieses Archiv, und zwar in der Rubrik *Geld Währung* nimmt, der sieht mich befremdet an. Denn er findet unter diesem Stichwort Meldungen über Streiks, Putsche, Eisenbahnüberfälle, Raub, Defraudation, Selbstmord, Wucher, Hungertot und vieles andere, was ihm ganz und gar nicht hierherzugehören scheint. Es gehört aber doch alles dahin. Denn die Wirkungen des Währungselends brechen an den scheinbar abgelegensten Stellen des Wirtschaftskörpers durch. Da lese ich z.B. etwas über Wohnungsnot. Wohin damit? Unter *Geld*. Denn die Mietpreispolitik des

Staates, die das Bauen neuer Häuser verhindert, ist die notwendige Folge der Enteignung des halben Volkes durch die Geldentwertung. Ich lese etwas über ein 16-Milliarden-Defizit der Eisenbahnen. Wohin? Unter *Geld.* Denn das Defizit rührt nur daher, dass die Bahnen ihre durch die Inflation geschädigten Beamten hoch entlohnen müssen und dass andererseits der größere, *enteignete* Teil der Bevölkerung die entsprechenden Fahrpreise und Gütertarife nicht bezahlen kann. Ich lese etwas über Kohlennot: nicht unter *Spa*, sondern unter *Geld*! Ich lese etwas über Kinderelend. Nicht *Versailles*, sondern *Geld*! Ich lese etwas über Abfallbestrebungen des Rheinlandes. Nicht *Dorten*, sondern *Geld*! Korruption, Zwangswirtschaft, Schiebertum, Sittenverrohung – alles kommt in die Rubrik *Geld.* So sehe ich die Wirkungen einer in Verfall geratenen Währung an. Es gibt kaum ein Gebiet der Volkswirtschaft, ja selbst der Politik, das sich diesen Wirkungen entziehen kann.

Schlechtes Geld ist, ich wiederhole es, so ziemlich das größte Unglück, das ein Volk treffen kann. Der für Deutschland so unglückliche Ausgang des Weltkriegs stellt gewiss eine Katastrophe dar, wie sie ein Volk nur alle paar Hundert Jahre einmal erlebt. Und doch weiß ich nicht, was im Moment verhängnisvoller für Deutschland ist, die Kriegstragödie oder die Geldkomödie. Freilich, die unheilvollen politischen und wirtschaftlichen Kriegsfolgen bleiben für lange, lange Zeit bestehen, die Geldentwertung und ihre Wirkungen dagegen gehen vorbei oder werden wenigstens in einigen Jahrzehnten nicht mehr in ihrer ganzen Schwere empfunden; der Enkel des Mannes, der heute enteignet worden ist, wächst als

Proletarier auf und meint, es müsse so sein. Aber heute ist das Währungselend Deutschlands furchtbarste Geißel, wobei es nur geringen Trost gewährt, dass auch andere Länder diese Geißel spüren.

So, mein lieber James, jetzt weißt Du, was *Geld* ist! Es ist keineswegs alles, was Du wissen musst, bevor Du reif für den Posten eines Bankdirektors bist, d. h. eines Bankdirektors, wie ich ihn mir vorstelle. Es ist lediglich die Eingangspforte zum Bankwesen, zum Geldmarkt, zur Börse, zum Unternehmertum, die ich Dir in der hiermit beendeten Briefserie geöffnet habe; und sogar erst halb geöffnet habe, denn wir haben bisher nur über das Geld im Lande selbst, über den sogenannten *Binnenwert* des Geldes gesprochen, nicht über den *Außenwert*, die Valuta. Wenn Gott will, so holen wir dieses Versäumnis bald nach.

Somit erkläre ich die Lektion für beendet und lege die Feder nieder.

In alter Liebe
Dein Papa.

Weitere Bücher aus dieser Reihe